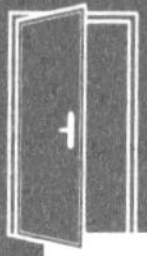

マーケティングの扉

経験を知識に変える一問一答

クー・マーケティング・カンパニー 代表取締役 音部大輔

日経BP

道を探そう、さもなくばつくろう

AUT VIAM INVENIAM AUT FACIAM

一気に読まないで下さい。
一回に一つか二つ読むのが
適量です。悩みや迷いが
生じたときに読んでください。
違う「こたえ」が見つかる
ことがあります。

音部大輔、

その日、その悩みによって

※本書１ページおよびカバー・表紙にある著者手書きの「注意書き」は、開高健氏へのオマージュとして、開高健氏の著書『風に訊け』（集英社文庫）の扉ページのデザインと巻頭の辞を踏襲しました。

Prologue

はじめに

マーケティングを始めて長い月日がたちました。多くの水が橋の下を流れ、その間に手に入った経験値は、いずれ来し方を歩む誰かの役に立つかもしれません。自身が若い頃を振り返れば、多くの先輩や上司に助けられてきましたから、これらの知見は自分のものというよりも、たまたま自分が知ることとなった、〝公共財〟でもあるような気がします。本書は、マーケティングという魅力的な職種・活動領域の迷いや悩みに対して、いくばくかでも抜け道や解決の示唆につながるよう、経験値を共有する試みです。

まだ入社2年目か3年目の、あるかないか分からない可能性以外には何も持たない若手だった夏の日の午後、担当していたブランドの販促活動で悩んでいました。テレビ広告もよさそうだけれど、値段を少し下げるのも有効そうです。果たしてどちらを提案すべきか、うまく考えがまとまりません。

明日までには提出しなくてはならず、イライラしたり、ブツブツ言ったりしていると、国内最高峰の学校を経て米国でMBA（経営学修士）を取得された頭脳明晰《めいせき》な先輩が通りかかりました。彼はよほど急いでいない限り、ちょっかいをかけてきます。そして、いまだかつて急いでいるところを見たことがありません。その日も、やはり声を掛けてきました。リモートワークなどという習慣も概念もなく、常時先輩たちの目にさらされる通路脇の机に座っていたこととの利点の1つは、こうした非公式のやり取りだったように思います。

「おやおや、音部さん、また怖い顔してお困りですね」――。パーティションの中に入ってきます。「困ったときには目的に立ち返れですよ」と私の尻を軽く蹴っ飛ばしながら言い残し、隣のブランドの新入社員にちょっかいをかけに行ってしまいました。そこにあることすら気付かなかったカーテンが、目の前で大きく開かれ、瞬時に天地を一望したような感覚に襲われました。

「施策として広告がいいか値下げがいいかではなく、そもそもの目的が曖昧では話にならないな」

以前にも聞いたことのある明瞭的確なアドバイスでしたが、これで自分ゴト化できました。「目的」を明らかにすることが、意思決定の初めの一歩です。これは戦略の概念を明確に理解する原体験ともなりました。実践と研究を経て、20余年後に出版した『なぜ「戦略」で差がつくのか。―戦略思考でマーケティングは強くなる』（宣伝会議）に至る、戦略についての論考の起点だったように思います。目的さえ明確になれば、問題の半分は解けたようなものです。あとは自身が持つ資源を、最も有意義に投下できる案を選べば必然的に成功しそうです。

上司の指示を見直し、改めて目的を整理しました。その年の12月末までに所与の売り上げを達成すること。それには9月から残り16週間で、前半6カ月の平均よりも5％程度、売り上げが上回れば達成できると把握しました。

そのためのアプローチは2つ想定できました。一つは「毎週5％ずつ、継続的に売り上げ拡大を促す方法」。つまり、「5％×16週」という考え方です。例えば、来月から毎週末値下げをすることで実現できるかもしれません。

もう1つは「11月と12月の間に集中して売り上げを促す方法」です。つまり、「10％×8週」と理解できます。例えば、年末の消費者プロモーションの展開などが考えられます。いずれも机上の計算では、12月末までに所与の売り上げを達成できそうです。

これら2つの方法は、「目的の再解釈」と言えます。達成すべき売り上げ（円）を、成長率（％）と活動を展開する期間（週）へと、単位が変化しているのに気付かれたと思います。目的をうまく再解釈できると、このように単位が変わることが少なくありません。そして、それぞれの再解釈案が、すなわち戦略の選択肢です。

翻って、手元の「資源」を確認してみます。用意できそうなマーケティング予算は今期全体の15%分の販促予算と、全社の営業活動の25%程度の工数でした。今期全体の15%では、16週間にわたる活動の原資としてはいささか心もとない印象です。16週は年間52週間の約30%に相当しますから、15%では半分程度の割り当てにしかなりません。値下げ案では価格に焦点が当たるため、アイデアで勝負しにくい傾向も危惧されます。

対して、11月と12月の消費者プロモーションはアイデア次第でマーケティング予算の使い方を強められるかもしれません。年間の15%もあれば、ひと山つくれる可能性もあります。それに、全社の25%程度の営業力を投入可能な、そこそこ優先順位の高いブランドだったことも有利に働きます。

この目的と資源量において、最も確からしい案を選ぶのはさほど困難な作業ではありませんでした。11月と12月に集中する、２つ目の再解釈案を採用すればいいのです。解いてしまえば、それほど難しい課題ではありません。とはいえ、「目的に立ち返れ」と尻を蹴っ飛ばされなければ、「新しいテレビ広告をつくりましょう」などと、とんちんかんな提案をしていた可能性は否めません。

本書の冒頭ですが、ここで「戦略の考え方」について、少し説明しておきたいと思います。前述の事例を概念化すれば、普遍的に使いやすくなるだろうと思います。実際にマーケティング戦略を立案する際に必要不可欠な原則ですが、それ以外にも、「達成すべき目的」があり

「資源が有限」である場合にはきっと役に立つと思います。

「目的」と「資源」について

全てのマーケティング活動には「達成すべき目的」があり、使える「資源は有限」です。そこで、資源を有効に使うための指針が必要です。この指針が「戦略」です。

戦略は「重要な」「長期的な」「計画的な」などの言い換えや、高尚な雰囲気を出すために曖昧なまま使われたりしますが、「目的達成のための資源利用の指針である」と定義づけられます。戦略というと難しそうに思えますが、その構成要素は前述の通り、「目的と資源」の2点だけです。戦略を明確にしておくことで、計画をうまく立案しやすくなるだけでなく、正しい意思決定も示唆してくれると思います。

実際に戦略を開発する際には、①目的の再解釈、②資源の解釈、③資源の優勢を図ること、の3点に気を付けましょう。

①目的の再解釈

目的を明確にした後、再解釈をすることで戦略の選択肢とします。例えば、「来期は10億円の売り上げ増を達成する」という目的が示された場合、この「10億円の売り上げ」は（A）「10万人の新規ユーザー」を意味するかもしれないし、（B）「100万人の既存ユーザーが年に1回多く使う」、あるいは（C）「既存ユーザーの10％が買い替えをする」などと示されるかもしれません。それぞれの再解釈案（A）（B）（C）が、いわば戦略の選択肢です。10万人の新規ユーザーを獲得するアプローチと、既存ユーザーに1回多く使ってもらうアプローチでは随分と異なりそうです。いずれも目的を達成できますが、この時点では、まだどれを選べばいいか分かりません。

②資源の解釈

（A）から（C）のそれぞれの選択肢に対して、どのような資源を投下できるか考えてみましょう。新規ユーザーを獲得するのに十分なマーケティング予算が用意されているとか、既存ユーザーのうち追加使用をしてくれそうなユーザーが200万人は確実だとか、既存ユーザーの買い替えを来期に5％程度は見込めそうだ、などと把握できるかもしれません。

③目的と資源を比較する

①で再解釈した目的と、②で解釈されリストアップされた資源を比較します。再解釈された目的に対して、資源が多めであれば、実現しやすい戦略案となっていることでしょう。目的に対して資源が多めであることを「資源優勢」と呼びます。山に登るとき、山頂に至るルートがいくつかある、といった場合を想像してみてください。再解釈案はそれぞれのルートです。リストアップされた資源は自身の装備や脚力のことです。自身の装備や脚力（資源）で登り切れるルート（再解釈された目的）を選んでいれば、登頂の可能性は高まります。

戦略の概要とつくり方を簡単に説明しました。本編で、悩みや迷いを解決する際にも使うことの多い考え方です。目的とか資源といった言葉が出てきたときには、この説明を随時参照してみてください。理解しやすくなるかもしれません。

「成長」について

本書には「成長」についての議論や示唆が出てくることがありますが、成長の根源的な考え方についても最初に言及しておきましょう。成長については、様々な経験則や流儀や信念がありそうですが、国内外の企業でマーケティング担当ＶＰやＣＭＯ（最高マーケティング責任者）などの経験を通して「成長とは昨日できなかったことが明日できること」だと考えるようになりました。私のなかでは定義ですが、外から見れば個人の信条にすぎないかもしれません。

昨日できなかったことを明日できるために必要なのは、「昨日は持っていなかった資源や手段」を手に入れることです。追加された手段の分だけ、できることが増えるのは自明です。新商品の導入や新販路の開拓、新部門の創出や追加の資金・人員などがこれに当たります。明日できることが増えれば、ビジネスの成長なども期待できます。

もう1つの方法は、新しい知識を手に入れる、つまり「昨日は知らなかったやり方が分かる」ことです。知識も、資源や手段の1つだと捉えることもあります。ここで言う知識は、本に書かれるような「静的な事実」だけではなく、経験を通して得られる「動的な理解」なども含みます。逆上がりができるようになったのは、筋力が付いたからというよりも、やり方が分かったからです。つまり経験を通して知識が手に入ったからだと思われます。

10年目のプロフェッショナルが5年目時点より大きな貢献ができるのは、5年分の経験を経て「知識」の量が多くなったからです。知識が成長の大部分を占めていることが分かると思います。

そして、その知識に大きく貢献するのが「経験」です。経験を知識に変えることで、大幅に知識の獲得量を増やし、結果的に大きく成長しやすくなるでしょう。そのためには、それぞれの人や活動に個別で固有の（具体的な）経験を、いろいろな人や活動に応用可能である（抽象的な）知識に変えることが必要です。

自身の経験から何を学んだのか、意識することで経験値を知識に変え、将来にわたって使いやすくなるだろうと思います。

本書の構成

本書では、経験の整理にも役立つよう、質問を5つの章に分けました。すなわち、マーケティング、キャリア、戦略、リーダーそしてスキルです。書名に合わせ、それぞれを扉と見立て、全88個の質問に分けています。質問を受けていたときにはこうした章立ては持っていませんでしたが、書籍化するに当たって読みやすいよう分類してもらいました。

それぞれの質問の関連は強くなくて、いわばバラバラな一問一答なので、テーマごとに選んだり、目次から気になる質問を探したり、もちろん最初から順番に進んだり、お好みに従ってお読みください。

Prologue

目次

Contents

第2章　キャリアの扉

Contents

第3章 戦略の扉

第4章 リーダーの扉

第5章 スキルの扉

第1章

マーケティングの扉

Door of
Marketing

01

「いいマーケター」はマーケ以外から多くを学ぶ

【質問】

上司から「マーケティングだけを学んでも、いいマーケターになれない」と言われました。本当でしょうか？

「いいマーケター」の定義とは？

そもそも「いいマーケター」の定義が明確でなければ、いいマーケターになれるかどうかは分かりません。「いいマーケター」とは、どのようなプロフェッショナルのことを指すのでしょう。このような漠然とした難しい質問に対しては、例え話を使って考えてみると示唆を得られることがあります。

例えば「いい野球選手」とは、どのようなプレーヤーでしょうか。少し考えるだけで、1種類ではなさそうだ、ということに気付きます。私は野球をしませんが、バッターとピッチャー、キャッチャーでは、それぞれ求められるスキルが異なるはずです。

マーケターも同じことが言えると思います。得意とする領域や役割によって、「いいマーケター」の定義はいくつもあるので、普遍的な「いい野球選手」や「いいサッカー選手」を定義しにくいように、普遍的な「いいマーケター」は定義しにくいものです。

とはいえ、「いい野球選手」に共通している要素はありそうですし、一貫した評価項目も設定できるでしょう。身体能力が高い、動体視力が優れている、故障しにくい、チームワークを大事にする、自身の成長と鍛錬に余念がない、などは共通した項目のように思われます。

その上で、打撃の力や打率の安定性、投球の精度や速度、走塁の速度や盗塁の技術など具体的な項目は、多岐にわたりそうです。全項目が満点というプレーヤーは、ほとんどいないだろうとも想像できます。

よりよく市場創造するために必要なこと

マーケターにとっては、論理的に考える力、共感する力、コミュニケーションする力などは、アスリートにとっての基本的な身体能力などと同様の意味を持つかもしれません。さらに消費者理解の技術やアイデア創出、クリエイティビティー（創造性）、クリエイティブ（表現）の評価やマネジメント能力、デジタル施策関連の知識、マーケティング・テクノロジーに対する理解、戦略思考の深さ、組織構築の知見など、具体的な項目は多岐にわたるでしょう。

担っている職務の階層によっても、「いいマーケター」の定義が異なってくることが想像されます。若いうちは責任範囲の明確な仕事が多いですが、階層が上がると成果と個人を直接的につなげにくいケースもあります。組織構築などはその例の1つでしょう。何をやっている人か、周りからは見えにくいこともありそうです。

ご質問にある「マーケティングだけやる」というのは、野球選手で言えば野球の試合だけやっているプレーヤーなのかもしれません。野球の試合だけこなしていても（野球をやらないよりは）相応に上手になれそうです。しかし、プロフェッショナルとして効果と効率を考えるなら、「筋力トレーニング」や「バッティングのトレーニング」なども練習に取り入れているように思います。

マーケティングも同様です。よりよく市場創造するために、関連する諸項目について習熟することは、効果にも効率にも影響します。マーケティングだけでなく、心理学や数学、歴史や社会学などを知ることも役に立つでしょう。

実務的な分野では、財務や会計、技術や法規、営業や流通、製造や物流、人材育成や採用など、いわゆる「4P（Product：製品、Price：価格、Place：流通、Promotion：販売促進）」以外の諸項目についても理解しているほうが、強いマーケターになる可能性が高そうです。同時に、どこにどれだけの時間と労力を投下するのが自身の目指す姿に対して効率的なのか、工夫する価値はあるでしょう。闇雲に手を広げることが正解ではないかもしれません。いずれにしても、継続的に議論を深めていきたい大きなテーマだと思います。

02 「ズレ」があるから、私はマーケティングに熱中する

【質問】
マーケターという仕事の楽しさとは、何だと思いますか？

ブランドマネジャーとしての矜持

この問いは、アスリートでいることの楽しさは何だと思いますか？ というのと同じくらい広い問いです。答えはマーケターの数だけあるかもしれませんが、その代表的なものは、実績が期待を少し超える、消費者が予期した度合いよりも満足してくれる、気に入ってずっと使ってくれるといった、各種のマーケティング活動が成功したときの達成感ではないかと思

います。

少し一般化してみましょう。およそ人間が魅力を感じる活動は、入力（人間の働きかけ）と出力（その成果）のギャップの妙であると考えます。何かにつけ、完全に自分の思い通りになることには、人間は熱中しません。絵を描く、歌を歌う、バイクに乗る、料理をする、野球をする、猫を飼う。いずれも、完全に自分の思い通りになることはほとんどありません。予想よりも少し（たまに大きく）ズレる。このズレを、人間は楽しむのではないかしら、などと思うことがあります。マーケティングに熱中するのも、そうした入力と出力のギャップに魅了されているからのように思います。

ブランドマネジャーやブランドディレクターという仕事では、ブランドの売り上げや利益に加えて、ブランドの「意味」をマネジメントします。いずれ自分が引退し世を去るときが来ても、手がけたブランドが立派に役に立ち、社会やユーザーから愛されていて元気にしていることは、プロフェッショナルとしてブランドマーケティングを行う矜持《きょうじ》の1つであり、やりがいかもしれません。

03 「いい商品の再定義」が市場創造を起こす

【質問】

「マーケティングとは、市場創造である」という定義を耳にしました。市場創造とは、どういう意味でしょうか？

マーケティングの本質を理解すると見えること

日本マーケティング協会などが唱導するマーケティングの定義は、その本質をうまく捉えています。「マーケティングとは、企業および他の組織がグローバルな視野に立ち、顧客との相互理解を得ながら、公正な競争を通じて行う市場創造のための総合的活動である」とあり、その核心は「マーケティングとは、市場創造のための総合的活動である」と端的に理解できます。耳にされたのは、この定義に基づく議論だったのだろうと思います。

野菜を洗って刻んだり、肉を切って炒めたりすることを、「料理」をしていると捉えますが、料理の本質的な定義は「食べ物をこしらえること」です。同様に、商品開発や消費者調査、広告開発や販促施策の実施などの活動を「マーケティング」と呼ぶことがありますが、マーケティングの本質的な定義は「市場を創造すること」です。マーケティング＝市場創造と理解すれば、「企業経営はマーケティングそのものである」という論も、「新しい価値を提案し、市場創造を続けることが、持続的な企業繁栄の道だ」と説いていると理解できます。新たに市場が創造されるなら、売れる仕組みにもつながることでしょう。

市場を創造するとは、どういうことか

では、どうすれば市場は創造できるでしょう。市場は「いい商品」を再定義することで創造・再創造できるようです。例えば、1990年代の「いいクルマ」は「乗り心地がいい」などの属性を重視していましたが、2000年代には「子供も楽しい広い室内」、2010年代には「環境への負荷が少ない」、2020年代には「自動ブレーキなどの安全装備」が重

要な属性となって「いいクルマ」を決定付けていき、そのたびに市場の首位は変化しました。

１９９０年代にはセダンが、２０００年代にはミニバンやワンボックスが、２０１０年代にはハイブリッド車や軽自動車が、そして２０２０年代には自動運転車やMaaS（Mobility as a Service）などが「いいクルマ」を代表します。ほとんどの市場で、首位が入れ替わる時はこのような市場創造が起きています。「消費者が決めた既存の属性順位を一番うまく満たしたブランドが市場の首位になる」という印象がありますが、必ずしも現実に即したものではないようです。

多くの消費者は、自分の欲しい物を具体的にイメージできているわけではありません。「家族でドライブに行ったり買い物に行ったりするために、いいクルマが欲しい」ところまでは明確でも、「そのために必要な属性」は曖昧なままのことが多いのです。おいしい晩ごはんを楽しく食べたい思いはあっても、今晩何を食べたいか聞かれると「何でもいい」と答えてしまうことに似ています。具体的なことは曖昧なままなのです。

そこでマーケターは「家族でドライブに行くためのいいクルマ」にとって重要な、製品の「属性」を提案します。提案された属性に消費者がニーズを感じると、属性の重要度が転換し、「いいクルマ」の定義が変化します。通常、その属性の順位転換を促したブランドが、次世代の市場のリーダーになります。さらに、新たな「いいクルマ」の定義に追随するブランドが出てくると、市場の変化は明白で、消費者の好みが変化したように見えます。古い定義に従う先代のリーダーブランドは、ちょっと時代遅れな印象になるかもしれません。

こうした変化は自動車のような耐久消費財に限らず、洗剤のような日用品でも同様です。「軽量コンパクトで、粉末」という属性が「いい洗剤」を定義していた時代がありましたが、最近では「簡単に使える」とか「においを抑える」「いい香りがする」などの属性が重要度の順位を上げ、定期的に市場創造が起きています。

私の中でも理由はまだ明らかになっていませんが、10年ごとに属性順位が変化するのには理由があるように思います。以前、浮世絵の美人画の顔は、1760年代から10年ごとに変化していったという話を聞いたことがあります。人間の嗜好の変化の速度を示唆している可能性があります。もし、ご自身が関与する市場で10年間「いい商品」の定義が変化していないのなら、ひょっとすると市場再創造の機が熟しているかもしれません。

04

ブランドごとの組織構成は、高い利益率を出しやすい

【質問】
ブランドマネジメントとは、具体的に何を行うことを指しているのでしょうか？

ブランドマネジメントは「意味」を管理すること

マーケティングが「市場創造」であるとき、「いい商品」を定義付けるのは「ニーズの創出」であるとも理解できます。呼応するように、このときブランドは「意味」で、「ベネフィットの提供」を企図します。ニーズは属性順位の転換を通して「いい〇〇」を定義付けることで創出されます。そのニーズを満たすベネフィットは、ブランドの機能や性能による固有のブ

ランド体験を通して提供されます。消費者が求めるニーズとブランドが提供するベネフィットが対になっている様子が理解できます。

ブランドの定義にはいくつかの種類が存在します。「ある売り手あるいは売り手の集団の製品を別の製品と識別させることを意図した名称、言葉、サイン、シンボル、デザイン、あるいはその組み合わせ」といった定義を唱導する権威もあります。同時に、実務においては、「ブランドとは意味である」と理解しておけば困ることはないと思います。

ブランド名には既存の名詞が使われることも、言葉が新しく創造されることもありますが、いずれにしてもその名詞に対して、ブランドに固有の「意味」の確立を企図します。その「意味」は、企業にとっての「意味」だけではなく、消費者や関係する流通企業などにとっての「意味」でもあります。そのブランドに固有の「意味」は、ベネフィットやパーパスなどのようにブランドが主体的に約束したり唱道したりする信条や、そのブランドが持つ人格などに加えて、代表的なユーザー像やドラマ・映画などでの描かれ方など、ブランドが直接管理しにくい様々な影響も含んで構成されていきます。主体的な言動以外からも大きな影響を受けるので、包括的な管理が必要です。

そこで、「ブランド=意味」であるとき、ブランドマネジメントはブランド固有の意味を管理する活動だと理解できます。そして、ブランドマネジメント制というのは、「ブランド」や

「ブランドマネジメント」を企業の中心に据えた組織運営の制度です。こうした制度をとる企業は「企業活動の最小単位としてブランドを設定している」とも捉えられます。「企業の中にブランドがあるというより、ブランドの集合体が企業である」と考える企業もあります。

ブランドマネジメント制を採用する企業の場合

ブランドマネジメント制の企業では、営業地域（例：西日本や東日本）、流通経路（例：量販店やEC）、事業領域（例：家庭用事業部と業務用事業部）ではなく、ブランドを基準に組織を構築していて、収益などもブランド単位で管理します。重要資源であるお金や人材、製品技術などは基本的にはブランド別に管理され、売り上げや利益、予算や投資など会計・財務的な諸要素もブランド別に管理します。

全社に関わる投資案件や費用などは、ブランドごとに案分・配布されることが多いでしょう。つまり、ブランド別のP／L（損益計算書）があり、利益責任を負うブランドマネジャーが4P（Product：製品、Price：価格、Place：流通、Promotion：販売促進）全域を含む、ブランドの諸活動全体の立案・実行を任されます。ブランド別のP／Lがあれば、マーケティングROI（投資利益率）を把握しやすく、ブランドマネジャーやブランド活動の成果を評価する指標に使えます。結果的に、高い利益率を実現しやすい体制です。

組織によっては、長らくブランドマネジメント制を採用していながら、ブランドごとの利益はよく分からないという場合もあるかもしれません。こうした実態は典型的なブランドマネジメント制とは異なりますが、事業環境や組織文化、歴史や経緯などにより、多様なオペレーションがあるだろうと思われます。

05 マーケティングを的確に描写しても定義にならないワケ

【質問】

マーケティングといっても幅広い分野があると思います。その神髄とは、ずばり何でしょうか？

「売れる仕組みをつくること」はマーケティングの定義ではない

マーケティングとは、「企業および他の組織がグローバルな視野に立ち、顧客との相互理解を得ながら、公正な競争を通じて行う市場創造のための総合的活動である」と日本マーケティング協会が1990年に定義していることは、03「『いい商品の再定義』が市場創造を起こす」でも説明したとおりですが、これはとても理にかなった、普遍的な考え方であると思います。その骨子は、少し前の項でも記したように「市場創造のための総合的活動」と読めそうです。市場創造や再創造が起きると、その前後で「いい商品」の定義が変化していると思います。市場シェアの順位が大きく変化するのは、ほぼ例外なく、こうした市場創造や再創造が起きているときです。

次世代の市場リーダーは、先代のリーダーを評価するのに使われたのとは、異なる属性で評価されます。自家用車の主流が、静粛性の高い高級車から車内空間が広いミニバンへ、そして燃費のいいハイブリッドや軽自動車へと変化しました。それぞれの時代で、「いいクルマ」の定義が変化し、市場再創造が起きた結果です。似たことは洗剤市場でも、携帯電話市場でも、あちこちで起きています。消費者が同意してくれるような、「いい商品」を新しく提案する、つまり新しい価値を提案するのは、マーケティングがなすべきとても重要な仕事です。

ちなみに、売れる仕組みをつくること、がマーケティングの定義だと認識されることがあります。しかし、これは日本にマーケティングを紹介した学会で、営業との違いについて質問された際に、「営業が売ることであるとき、マーケティングとはその仕組みを作ることです」という回答に基づいていると聞いたことがあります。営業との違いを説明するのに使われているので、描写としては間違いではありませんが、定義ではないように思います。

「虎と猫の違いは何か」と問われたとき、「大きくて恐ろしいのが虎、小さくてかわいいのが猫です」などと答えられそうです。でも、「小さくてかわいい」という描写は必ずしも猫の定義ではありません。マーケティングとは売れる仕組みをつくること、という描写は「猫とは小さくてかわいいものである」と同じくらい的確ですが、定義ではありません。小さくてかわいい犬が猫ではないように、値引きとおまけで売れる仕組みをつくってもいいマーケティングとみなされることは少なそうです。マーケティングとは市場創造、つまり新しい価値の創造が期待されます。

06

人間力か組織の輪か？
企画実現の合意形成に必要なもの

【質問】

マーケティング部門が企業内の一組織である以上、社長はじめ経営陣、営業などの他部門といった、縦や横との連携が必要になると思います。そうなると企画を通すために必要なのは、こうした組織との良好な関係であって、実はマーケターに求められるのは何よりも「人間力」や「胆力」なのではないでしょうか。音部さんはどう思いますか？

良好な関係性にのみ依存して合意された企画が、果たして高確率で成功するものかどうか、判断は悩ましいところです。

「合意形成」は、プロセスの一部でしかない

ブランドを持続的に成長させるためには、消費者理解に基づいて戦略を策定し、戦略にのっとってマーケティング活動を立案できることがとても重要だと考えます。実行する際の諸部門の説得や合意形成も重要ですが、これは企画全体から見ればプロセスの一部です。

人間的魅力と関係構築によって合意形成をするのも1つの方法です。同時に、理路整然と合理的な判断を促すもよし、個々人が得られる報酬を示すもよし、合意形成には他にもやり方がいろいろありそうです。おのおのの説得者の道徳と美学を満たす効率のいい方法が、いくつもあると思います。

企画がなかなか承認されないと、「企画を通すことが重要で、そのためには良好な関係こそ必要」と考えてしまうかもしれません。しかし、そもそも企画の目的は企画を通すことではなく、市場での成功のはずです。「企画を通すために関係を良好にして、人間力と胆力が何より大事」というのは、市場での成功を目的とするならば、少し心もとない認識であるように思います。

言うまでもなく、人間力も胆力もあったほうが人としてすてきです。同時に、人間力も胆力も人並みだけど、輝かしい実績を持つ優れたマーケターという方も少なからずいらっしゃいます。

多様性と個性を生かした、様々な方法があると思います。それぞれのプロフェッショナルが、自身で納得のいく説得や、効果的な合意形成の方法を確立できるといいですね。

07

異なる「自我」が交錯するＢｔｏＢマーケティング

【質問】

就職してＢｔｏＢのメーカーで働くのですが、マーケティングを行う際、ＢｔｏＣとＢｔｏＢで違う点はどこでしょうか。学校で音部さんの「パーセプションフロー・モデル」を勉強しましたが、ＢｔｏＢでも使えるのでしょうか？

意思決定の人数が多くても、話を進めるコツ

質問にあるＢｔｏＢとは、Business to Business、つまり商品を売る側も買う側も企業という関係で行われる取引を指します。自動車メーカーに部品メーカーが電子部品を納入す

るなどといったケースはＢｔｏＢです。対してＢｔｏＣというのは、Business to Consumer、つまり商品を売る側は企業で、買う側が消費者という関係で行われる取引を指します。スーパーやドラッグストアなどで売っている商品はＢｔｏＣです。

ＢｔｏＢとＢｔｏＣは全く違うものだと思われがちですが、つまるところ人間が意思決定するという意味では一緒です。例外的に、発注の意思決定を過去の実績データに基づいて人工知能（ＡＩ）などの機械がやっていて、人間が関与しないというビジネスもあります。これはかなり固有で特別な仕組みだと思います。それ以外の、人間が意思決定しているところでは、発注や購買担当者のパーセプションの変化を想定することで、おおむねＢｔｏＣと同じようにパーセプションフロー・モデルは扱えます。

1点大きく異なるのが、意思決定の人数です。ＢｔｏＣでは大概1人、せいぜい家族の誰かの同意が必要という程度ですが、ＢｔｏＢで、特に大型の投資が必要なものなどでは、立場が異なる意思決定者や関係者がたくさん出てきます。

例えばＩＴシステムの導入を想定すると、ＩＴシステムのサプライヤーからじかに話を聞く人とその上司では、既に立場が異なります。ＩＴ部門としてＯＫであれば、次に財務や経理などの承認をもらったり、事業部長の承認をもらったりするでしょう。そのたびに、異なる意図や背景、自我を持っている人が関わる点はＢｔｏＢに固有です。

とはいえ、組織内では多くの場合、部下の自我で仕事が動いていることも多いものです。その人がノーと言うときは、上司にうまく説明ができないと感じたときです。そして、その上司がノーと言うときも、そのさらに上の上司に説明しにくいときです。各階層でばらばらの意思決定をしているように見えますが、誰が誰に話しても理にかなった説明ができる用意があれば、スムーズに進められる方法もあるでしょう。

08

文学、漫画、映画に学ぶ、本質的な人間理解

【質問】
マーケターとして活動する上で、読んでおくべき本はありますか？

なぜ文学、漫画、映画はマーケティングに役立つのか

自身の1カ月の消費を振り返ってみると、我々が日常的に使う製品やサービスの多くは、誰にも会わず無人島に独りで暮らしていたら不要なものが多いことに気付くでしょう。友情、恋愛、家族、ライバル、仲間、あるいは同じ電車に乗り合わせた乗客など、世間の存在が消費を動機づけます。つまり、多くのブランドは人と人との間に存在理由を求められます。

このことから、マーケティングというのは、人間と人間関係を対象とする活動であると考えられます。関係や社会の中での人間理解が重要です。時代を超えて読み継がれている文学作品、漫画、映画などは、普遍的で本質的な人間描写をしていることが多いと思います。マーケティングをする上で、きっと役に立つでしょう。小説の中では、私が敬愛する開高健の『巨人と玩具』は、マーケターが主人公の話なので、興味深く読めるかもしれません。

09 「好き」を理解し強化する、というスキル

【質問】

将来優秀なマーケターになるために、身に付けておくべきスキルや考え方はありますか？

得意が見つからなくても、まずは「好き」を分析しよう

ラグビーにはいろいろな人が活躍できるよう、多様なポジションがあるのだと聞いたことがあります。大きくて力の強い人。小さくてもすばしこい人。よく考える人。よく走る人。よく蹴る人。マーケティングも広範な領域があるので、いろいろな人に活躍の場があります。

大事なことは、それぞれの特徴をうまく生かすことです。そのためには、自身の特徴が明確であるほうが分かりやすいでしょう。自分が得意なことを明確にできていると、活躍の場を見つけやすいように思います。とはいえ、若いうちはなかなか自分の特徴や得意なことを見つけにくいかもしれません。

1つヒントがあります。自分の特徴や強みは、きっと自分が好きなことに関係しています。音楽が嫌いな歌手も、体を動かすことが嫌いなサッカー選手も少ないでしょう。自分が好きなことの先にある自身の強みを強化しておく、さらにはその強みを強化する練習方法が分かっていると、自分で自分をトレーニングできます。持続可能な成長ができるプロフェッショナルになるためには、自分を成長させ、コンディションを整えられることは有意義です。自分の好きなものや楽しいことを分析し、強みを理解し、その強化方法が分かる、というスキルの獲得を意識してみてください。

マーケティングを仕事とする際には、いろいろなスキルが役に立ちますが、中でも普遍的に役に立つのは、論理的に考え、明確に表現し、コミュニケーションして他者と協働でき、目的達成のために集団をまとめられるリーダーシップあたりであろうと思います。こうしたスキルがあると、多くの人から優秀なマーケターであると認識してもらえる可能性が高まります。きっとビジネスの成果も出しやすいので、実績を積んだマーケターにもなれそうです。お気付きのように、これらのスキルや特性が重視される領域はマーケティングに限ったことではありませんが、マーケティングでも重視されることが多いです。

では、マーケターに特徴的な側面はないものでしょうか。とても重要なものの1つは人間理解です。他の部門でも人間理解は重要ですが、マーケターとして活躍するためには、「人間」理解としての「消費者」理解ができると有利です。

一口に人間理解といっても、ここにも様々な考え方や多様なアプローチが存在します。自分の得意な領域を見つけてみましょう。よほどの人間嫌いを自認されている方でも、わざわざ「嫌い」になるくらいですから、固有の人間理解力をお持ちだろうと思います。論理的思考、表現やコミュニケーション、リーダーシップと人間理解。最初から全部できる必要はありませんが、自分の好きなことに関連していて、何か強みを感じられているとすてきです。

10

大学で学んだマーケティングの知識は社会でも役立つか

【質問】

私は大学生です。大学では様々なフレームワークを使って、企業の事例を分析します。大学で学んだ程度のマーケティングの知識が、社会に出ても役立つのでしょうか。また、マーケティングの理論と事例を結び付ける際に、何かコツはありますか？

大学のマーケティングの授業で学ぶべきこと

社会に出て役に立たない程度のマーケティングの知識なら、学ぶ意義は少なく、そもそも

「学んだ」と言うべきものではないかもしれません。とはいえ、大学での2～4年間の講義や議論をもって、自分自身を即戦力のマーケターであるかのように感じているとしたら、実践で「若さ故の勘違い」を実感することになると思います。

その「若さ故」は、私のいつか来た道でもあります。旅の恥と駆け出しの赤っ恥はかき捨てておけばよろしい。いずれ大人の特権として自らの勘違いを認められるようになるものです。

「大学で学んだマーケティング」といっても、誰から、どういった仲間と、どのように学んだか、などにもよります。なかなかひとくくりにすべきものではありません。しかも、そうした変数の組み合わせにはセレンディピティ、予期せぬ幸運も働くので、上等な環境などというものもなかなか明示できません。

そこで、そもそも「役に立つ」とはどういうことかを明確にしてみましょう。「授業で学んだこと」であれば、それらはきっと何がしか「知識」に関わることだと思われます。

実践のマーケティングで役立ちそうな知識と言えば、フレームワークに加えて、事例をたくさん知っていることが連想されるかもしれません。確かに「事例≒実践的」と直結しそうに見えます。しかし、事例をたくさん知っていることと、事例として取り上げられるような妙手を立案できることはかなり異なります。

それぞれの事例は全て個別で特殊なもので、実践で同じ状況に遭遇することはまずありません。事例から学んだことを実践に移す際には、何がしかの抽象化を通さないと表層のモノマネになってしまい、実効性は期待しにくいものです。過去の野球の試合結果をたくさん知っていても、それだけで野球が上手になることはありません。事例に学ぶことはとても重要ですが、事例を知っているだけでは使える知識にはなりにくいものです。

知識は「経験値」を稼ぐ効率を高める

それに対して、フレームワークなどを通して概念的な「仕組み」を理解していることは、事例から普遍的な学びを得る際に役立ちます。「筋肉の増強にはタンパク質が必要で、そのためにはタンパク質を多く含む食品を摂取する必要がある」という「仕組み」を知っていれば、肉を食べても、卵を食べても、プロテインを飲んでも、一通り筋肉の増強には役立ちそうだと分かります。

そうした知識がなくても「肉をよく食べている人は、おおむね筋骨隆々だ。きっと肉が効いているのだろう」などと、個人の経験的な事例から着想するのも、自然現象を理解する方法の1つです。ただし、こういった個々の事例に基づいた類推だと、実は肉だけでなく大豆でも似た効果があることを見逃したり、肉といっても脂肪は含まれていなかったりすることには気付きにくいかもしれません。普遍的な本質にたどり着くまでに、相応の手間もかかりそうです。

例えば、「マーケティング活動は商品（Product）と価格（Price）と流通（Place）と販売促進（Promotion）の4つのPに整理できる」と知っていれば、マーケティング活動の包括的な議論をする際に、何に気を付けるべきか分かります。新しい製品の話に終始したり、広告活動の議論だけで満足したりしてしまうことを防ぐことができます。

事例から経験値を得る際にも、4Pの各領域でどのような活動が実施されたのか分析すれば、経緯を網羅的に把握できます。実務に就いてから活動の振り返りをする際にも、確立された概念やものごとの仕組み、フレームワークなどを知っていれば、実践からの経験値を効率よく得られるでしょう。

こうした仕組みやフレームワークを大学時代に学んでおくことは、タンパク質と筋肉の関係を知っていることが筋肉の効率的な強化に役立つように、きっと有意義だと思います。そうした知識は経験値の代わりではないので、初日からすぐに活躍できるとも限りませんが、うまく使うことができれば、早い段階から効率よく経験値を稼げそうです。将来の実践に備えて、フレームワークや概念をうまく使えるよう、習得しておいてください。

11 マーケティングはアートかサイエンスか、もちろん両方

【質問】

マーケティングは「アート」と「サイエンス」のどちらでしょうか。それとも、両方の領域でしょうか。音部さんはどう考えますか？

人の手によるもの、それが「アート」

「マーケティングは、アートか、サイエンスか」という問いがあります。皆さんはどう考えますか。時代を超えてよく問われる質問です。もちろん答えは、「両方」です。いかようにも答えられるので、マーケターが酒のさかなに議論する話題としては好適です。「人それぞれだ

ね」と決着し、無駄な禍根を残しにくい点も素晴らしい。

いい機会なので、アートとサイエンスについて少し考えてみましょう。そもそも、アートとサイエンスはどのように比較されるべき概念なのか。

「アートは人の業、サイエンスは神の業」といった記述を何かで読んだことがあります。筆者が連載している「音部で『壁打ち』」に掲載した時点では、「英国のジュリアン・バーンズという作家が書いた『10 1/2章で書かれた世界の歴史』（白水社）という書物の中で読んだ」と書いていたのですが、改めて読み直しても記述が見当たりませんでした。もはやどこで読んだものか定かではなくなっていますが、自分で考えたにしては世界の洞察に富んだ表現なので、きっと誰か高名な文筆家の文章だろうと思います。

この記述に従えば、アートは「人の手によるもの」を指すということだと理解できます。人がつくったものがアートであるなら、マーケティングに関わるあらゆる創造物は全てアートです。広告もメディアプランもパッケージデザインもアートですし、マーケティング組織もマーケティング戦略もアートです。『孫子の兵法』は英語で「Art of War」と訳されますが、これは戦争の芸術ではなく、戦争の〃仕方（兵法）〃を意味するアートだと理解できます。

東京大学教授で進化学者の佐倉統先生が書いた『科学とはなにか 新しい科学論、いま必要な三つの視点』（講談社）という書籍の中にも、「科学は元来哲学の一分野として始まり、神の創造した分野を探究する学問だった。一方で工学・技術は人間が人工物をつくり出す活動だから、それらの学問とは全く別個のものとみなされていて、大学の中に工学部は含まれていないのが通常だった」といった趣旨の記述があります。伝統的な西洋哲学やアカデミアでは一般的な考え方なのかもしれません。

アートはサイエンスの支配下にある

では、サイエンスが「神の業」とはどういうことでしょう。

科学の研究室に神が住まうことはなさそうですが、この記述は創造神が創造したものと理解できます。つまり、自然物や自然の諸法則は、人ではなく万物の創造主が創ったものということです。人の認知能力をもって、それらの仕組みや作用を明らかにするのが科学だと言えそうです（諸説あり）。サイエンスは創造的な活動であっても、直接的な創造ではないかもしれません。

超常現象は起きないという前提に立つのであれば、人も自然現象もそれら科学の諸法則から逸脱することはできません。つまり、アート（人の業）は必ずサイエンス（神の業）の支配下にあると言えそうです。

ちなみに、17世紀にヨーロッパで起こった科学革命以降は、多様な攪乱《かくらん》要因を人為的に取り除いた「実験」を通して、サイエンスの知識を実証的に体系化するようになりました。アートがサイエンスの発展を促しているわけです。

「アートは人の業、サイエンスは神の業」であるならば、自然の諸法則に基づいた人間による（市場）創造であるマーケティングは、サイエンスに基づくアートであると言えるでしょう。人の心の動きや行動様式も自然現象ですから、それらを理解するのはサイエンスの領域です。具体的には、心理学や行動経済学の研究対象です。マーケティングとの親和性が高いのは納得できると思います。

サイエンスへの理解を深め、アートの技術を洗練させていきましょう。

12 「マーケティング業界」という表現が生まれたすごさ

【質問】
「マーケティング業界の潮目が変わった」と感じた時はこれまでにありましたか？

マーケティングの変化は、消費者の変化

２０１０年あたりのスマートフォンの浸透に端を発する消費者のデジタル化、あるいは２０２０年の新型コロナウイルス禍などに起因するリモートワークの常態化などは、大きな潮目の変化であったように思います。「これは消費者の変化であって、マーケティング業界の変化ではないのではなかろうか」と思われたかもしれません。その通りです。マーケティン

グの変化は、基本的には消費者が変化することに起因します。テクノロジーの変化などが背景にありつつも、本質的には消費者の変化と呼応するものであると思います。

マーケティングが先に変化し、消費者が呼応することもあります。例えば見ていて楽しく、エンターテインメント性があるような、見る価値のある広告なら消費者はそれほど忌避しないものです。ところが、まるで関心を持てない広告に追いかけられることが続くと、広告そのものを忌避するようになってしまいます。マーケティングが変化したことで、消費者が呼応した、双方にとって残念な一例です。マーケティングは様々な活動を通して、市場創造つまり「いい商品」の定義に影響します。こうした変化は各市場で定期的に起きているので、それぞれのカテゴリーでの潮目の変化になっていると思います。

ところで2010年ごろはまだ「マーケティング業界」という表現はあまり耳にしませんでした。家電業界とか化粧品業界など、業界は扱う製品やサービスによって会社を分類したもので、マーケティングのような職能を分類したものではありませんでした。マーケティングという職種に就いている人々が同業同士のつながりを持ち始めたことで、そうした表現が出てきたのかもしれません。この「マーケティング業界」という表現が出てきたこと自体が、マーケティングを生業《なりわい》とする人々にとって大きな潮目の変化になっているようにも思われます。これからもマーケティング業界のさらなる進歩と発展を目指していきましょう。

13 いいマーケティングとは「市場創造」ができていること

【質問】
これだけはみんなに覚えてほしいマーケティング理論や枠組みはありますか？

市場を創造すると、消費者にとっての「いい商品」が変化する

「マーケティングとは、市場創造のための製品・価格・流通・販促などの総合的な活動である」という根幹の定義をちゃんと理解していると、きっと役に立つと思います。そして自身の活動が市場創造につながっていれば、いいマーケティングをしていると判断できます。うまく市場創造や市場の再創造ができると、その前後で消費者が認識する「いい商品」、例え

ば「いいクルマ」とか「いい洗剤」が変化しています。新しい価値の創造などという言い方もできそうです。マーケターとしての存在意義に関わるとても大事な考え方でもありますから、本質的な定義として覚えておかれるといいと思います。

14 ブランドマネジャーの仕事、「500字」でまとめるとこうなる

【質問】
マーケターの具体的な仕事内容を教えてください。

私がブランド担当だった頃

年間あるいは月次の売り上げや利益目標を達成するために、必要なユーザーの人数や使用回数などを推測し、それらが実現されるための戦略を策定し、戦略に基づいて諸活動を立案して統合し、何を使い何を捨て、何を強めればいいのか判断し、消費者理解に励み、製品理

解にいそしみ、パートナーや協業先と協働し、部門間の調整をしつつ実行し、文句を言われ称賛されつつ結果を振り返り、反省とともに学び、慢心を抑えつつメンバーと成功を喜び合い、計画を修正し、来年は今年よりも上手にできるようになり、競合を出し抜き出し抜かれ、部下や組織を強く育て、場合によっては賞なども取り、消費者のブランドへの満足と愛着を高め、昇進に備えて次の段階で必要なスキルを練習し、いずれ自分が引退しても手がけたブランドがまだまだ現役で社会から愛されていて、一緒に働いた部下や仲間たちも活躍し続けられるよう、できる限りの努力をしている、という人が多いと思います。

私が既存ブランドを担当していたときはそうでした。その後、マーケティングの部門長やCMO（最高マーケティング責任者）になっていくと、少し異なる喜びと悲しみと苦労と学びを経験することになるのですが、それはまた今度。

15

「令和のフィリップ・コトラー」は誰？

【質問】
マーケティングのプロが考える「令和のフィリップ・コトラー」は誰ですか？

フィリップ・コトラーをどう捉えるか

多義的、という概念があります。1つの言葉や事象が様々な意味を持っている様子を指します。マーケティングやブランディングは意味を管理する活動なので、言葉や事象に様々な意味や意義を見いだしますが、「フィリップ・コトラー」も多義的だと思われます。マーケティングを1つの学問として体系化した人、と理解するのであれば、2人目のフィリップ・コトラーは必要なさそうです。マーケティング領域を代表する学者、と理解するのであれば、よく使われているマーケティングの教科書を書いている研究者がそれに当たるかもしれません。

今でもフィリップ・コトラーのテキストを使うゼミは多そうです。個人的には、マーケティングの4P、STPという基礎的な考え方を整理し、敷衍《ふえん》した人だと理解しています。例えるなら、音階を「ドレミファソラシド」と定義し、料理で調味料を使う順番を「料理のさしすせそ」と示した偉業に通じるものと思います。作曲に使う道具は変化していても、音階はそのままです。調理器具は変化していますが、料理のさしすせそはそのまま使われているように思われます。ワープロソフトで書くときも手書きでも、文字や文法は変わりません。マーケティングについても、施策やメディアなどが変化し続けたとしても、その基本構造は音階や「さしすせそ」や文法のようなものだと考えます。今のところ、令和でもフィリップ・コトラーはそのままフィリップ・コトラーではなかろうかと思います。

16

それでも「日本のマーケター」ならではの強みはある

【質問】

現在、海外で働いていて、日本とのギャップを感じています。例えば、日本ではマーケティング用語も日本語に換えてしまい、このボーダーレスの時代に言い換える必要があるのか疑問に感じます。日本には独自性がある分、強みもたくさんあると思いますが、海外のマーケターと比べたとき、日本のマーケターの強みや弱みはありますか？

国や民族に固有の、「普遍な強み」はない

マーケティング、ブランド、インサイト、イノベーションなど、英語の概念を直接カタカナで導入することが、概念の理解を表層にとどめてしまう元凶に見えることもあるので、一概に翻訳が悪いとは言えないと思います。日本語であれ、英語であれ、事物の本質をうまく捉えることができるとすてきです。

個人的には、「日本の常識を知っていること」や「日本へのアクセスが早いこと」以外に、「日本のマーケター」に固有の強みがあるとは思いません。それは米国や欧州のマーケターについても同じです。仕事をしていて、民族的・国民的に固有の普遍的な強さや弱さをあまり感じたことはないですし、民族間や国民間の差よりも個々人の違いのほうが随分と大きいように思います。

同時に会社や業界など、仕事をして経験を積む環境による違いも大きいでしょう。洗練された仕組みがあるから個々人を成長させられたり、組織のリテラシーが高いからそれぞれの力をうまく引き出せたりすることはあります。また同じ会社でも、部門やリポートする上司などによっても違いは見いだせるものです。それが個々人の強みや弱みについて、民族や国家以上の影響をもたらすかもしれません。

組織の特徴や国家・民族間の違いは、環境要因として個人の能力に影響を与えますが、強みや弱みを構成する最も大きな要因は、やはり個人に基づいているように思います。日本語か英語かという見た目の違い以上に、表層にとどまることなく本質をうまく理解できるのが重要であることに、ちょっと似ているかもしれません。

英語のスキルで〝時差〟を超える

個人間の差が大きいとはいえ、日本で働くことと、海外のそれぞれの国で働くことには相応の違いがあり、得られる経験値の量や質が異なります。日本であれ海外であれ、現在の環境下で得るべき経験を最大化できることを意識するといいでしょう。

営業にいるのであれば、営業故に得やすい経験値を優先的に得ておきましょう。大きなブランドにいるなら、大きなブランドならではの経験値を、小さなブランドにいるなら、小さき故の経験値を稼ぎましょう。

もちろん海外勤務も同様です。フィリピン勤務でないと得られない知見はフィリピンにいる間に、ベトナム勤務ならではの経験値はベトナムのプロジェクトで得るのが意義深いと思います。もし高齢化や都市化などの問題が、諸外国より切実な課題として捉えられているならば、日本市場で活動するマーケターに固有の経験値をもたらすかもしれません。

ちなみに言語の問題を考えたとき、どこで働くにせよ英語はできたほうが便利です。2020年の春ごろに、新型コロナウイルスについての情報を、和訳を待たずに得られたのは、少し視点を広げるのに役立ちました。

英語によって時差を超えられることの意義は、ニュースなどの最新情報にとどまりません。イスラエルの歴史学者・哲学者であるユヴァル・ノア・ハラリ氏や、米国の生物地理学者・人類学者であるジャレド・ダイアモンド氏といった知識人の見解やインタビューをリアルタイムで読むことなども当てはまります。

多くの人が注目し必要とする情報は、出版社などメディアが翻訳してくれます。だから「英語が生活に不可欠か？」と言われれば、それほどでもないかもしれません。ただ、個人的な興味については、自分で読めたほうが便利なこともあります。今のところ少し時間差はありますが、いずれ自動翻訳が全てをリアルタイムに訳してくれる日が来るかもしれません。ただ日本語の特質を理解するためにも、英語を練習しておく意味はあると思います。

「日本にいても継続的にマーケターとして成長できるのか」という疑問が質問の背後にあるのだとすると、「もちろんできる」というのが私の答えです。原義に立ち返れば、「（属性の順位を転換し、いい商品の定義を変えることで）市場創造するのが「マーケター」です。そうしたマーケティング活動において、消費者の国民性や民族性が強く反映されるとしても、マーケター自身に特定の国民性や民族性を要求するものではないと思います。

これからも、日本から多くのイノベーションが生まれてくるでしょう。前述したように、世界に先駆けて社会問題化しつつある高齢化などは、近未来の人類の課題を他の地域よりも先に経験します。先行できる分だけ、日本のマーケターは有利かもしれません。それらを「日本のマーケターに有利な強み」と呼ぶのであれば、大いに強みにしていきたいものです。

17 消費者理解は「相手を気にかける」ことにほぼ等しい

【質問】

こんなところにもマーケティングの考え方が使われているのかと、学生が驚くようなことがあれば教えてください。

市場創造が「いい」の定義を変えることだとすると

マーケティングとは市場創造のための総合的な活動で、市場創造とはすなわち「いい商品」の定義が変化したときである、と理解すると、実に多くの領域でマーケティングのスキルが役に立つことが想像できます。

洗剤やクルマを開発し、満足を提供して買ってもらうといったことは言うまでもありませんが、「いい病院」「いい先生」「いい議員」「いい国家」など、いずれも定義は1つではありません。むしろ、定期的に変化しているように思われます。このように、「いい○○」の定義が変化する領域はすなわち、マーケティングの技術や考え方が活躍する領域です。

日常生活における「いいパートナー」や「いい友人」にも、同じことが言えるかもしれません。相手に共感しておもんばかり、満足や楽しさを共有することで愛情や友情が育まれますが、最も大事なことの1つは、相手を理解することかもしれません。マーケティングでは消費者理解などと呼ばれますが、相手を気にかけるという意味ではとてもよく似ているように思います。

18

競合相手が知らなければ優位に立てるお薦めの本

【質問】
新米マーケターが人間理解の素養を広げるのに役立つ1冊を教えてください。

パーセプションフローで知覚刺激を扱うときに役立つ

お薦めしたいのは『新版 アフォーダンス』（佐々木正人著、岩波書店）。本書は1994年に出版された書籍『アフォーダンス――新しい認知の理論』の新版（2015年）です。この領域の入門書として好適です。

「知覚と刺激」について研究していた駆け出しの頃に、タイトルにある「アフォーダンス」

という考え方を知りました。そもそも認知科学や認知心理学の概念ですが、マーケティング界隈にもたまに詳しそうな方がいるゲシュタルト心理学（人間の精神を部分や要素で捉えるのではなく、全体として捉えようとする心理学の考え方）とも関係が深いようです。

近年、存在感が増している行動経済学にも通じるところがあり、デザインや設計などにも頻繁に利用されています。浅薄な理解しか持ち合わせない私には、正確にはどの領域に属するものか判然としませんが、〝そのあたり〟の分野の考え方です。

アフォーダンスの正確な体系化は専門家にお任せしますが、マーケティング活動の設計を考える際には知っておくと便利です。特に「パーセプションフロー・モデル」上で知覚刺激を扱うときには、大事な概念の1つだと思います。競合相手のブランドマネジャーが知らなければ、競争優位の一部となり得ます。逆であれば、ちょっと不利になるかもしれません。

原語では「affordance」と書きますが、自然に発生した言葉ではありません。「～ができる、～を与える」といった意味を持つ「afford」という動詞を基に研究者がつくった造語です。

雨にぬれた傘を玄関に持ちこんだとき、傘の先っぽ（石突き）を床のタイルの目地に当てて、壁に立て掛けることがあります。これはタイルの目地が「石突きを置くようafford している」からです。ドアの取っ手に引っ掛けたり、げた箱の縁にぶら下げたり、傘を置く方法が他にもある中で、タイルの目地へ立て掛けるという行動を促しています。

広告などの直接的なコミュニケーションではない知覚刺激、例えば製品設計や店頭施策、Ｗｅｂサイト・デザインといった領域で威力を実感してみてください。

19

上司の承認が得られないプラン、あなたに足りないもの

【質問】

マーケティングのバックグラウンドがない（マーケティングの経験が浅い）上司から企画の承認をもらう際に、どのように説明すればいいでしょうか？

大事なのは目的を明確化すること

限られた時間内で上司から決裁をもらう必要があるのに、考え方や嗜好の違いなど、様々な理由で承認してもらえず、苦労することがあるかもしれません。しかし、どんな場合においても大事なのは、まず「目的」を明確に理解することです。

　一生懸命に知恵を絞って考えたプランであれば、上司にも自分と同じ思考プロセスをたどって同じ感動を共有したいと思うものです。とはいえ、常にそうある必要はありません。他部門から異動してきて間がないなどの理由で上司がマーケティング経験に乏しい場合は、なおさらです。

　上司に提案する目的は「自分の考えを理解してもらうこと」ではありません。上司から「承認を得ること」、つまりそのプランでＯＫだと「納得してもらうこと」です。両者は似ていますが、同じではありません。相手に「自分の思考プロセスをたどってもらい、同じ思考を共有する」というのは、承認してもらう方法の中でも、最も困難なものの１つかもしれません。なぜなら、会社の仕事の多くは自律的にすることもありつつ、「会社や上司に代わって考えたり、実行したりする」という側面もあるからです。

　思考の経緯を一緒にたどる必要はないのです。上司はきっと、調理方法を知りたいのではなく、料理を食べられればいいのです。場合によっては、思考の経緯を説明するといった高度なレベルの意思疎通が必要なこともありますが、極めてまれだと思われます。日常的なプランの承認であれば、「上司が納得するのに十分な説明」があれば、文字通り十分であることが多いのではないかしら。

　説明される上司の立場に立ってみれば、つまるところ「部門長として納得できるか否か」

が重要です。もし、上司が「考え方」についてあれこれ質問してきたり、「思考プロセス」について深く突っ込んできたりするときは、あなたの育成を意識しているのかもしれません。「自分はどのように考えるべきか」について、フィードバックをもらえるいい機会です。どのように考えたのかを示して改善点を指摘してもらい、上司の考え方を教えてもらいましょう。「上司の考え方（アルゴリズム）のコピー」をつくって、視点を増やす素晴らしい機会になるかもしれません。

承認をもらうために提案するプランは、自分自身の名において最高に誇らしいものだ、と確信できているとすてきです。もし誇るのが難しければ、せめて自身の名において恥ずかしくないと思える程度には完成させておくべきです。自身の名において仕事を完成させていくのは、プロフェッショナルの礼儀としても、矜持《きょうじ》としても、とても重要なことだと考えます。承認はされたけれど、自身が納得のいかないプランというのは、プロフェッショナルとしていささか残念な感じがしますね。

そして提案するに当たっては、上司が達成したい目的を理解できていると効果的で効率的です。この数カ月から1年で何が起きれば上司がハッピーになるか分かっていれば、「このプロジェクトを実行することで、あなたをハッピーにできる」あるいは「私はあなたの目的達成をこのプロジェクトで支援できる」という提案ができます。このアプローチは、クライアント向けのビジネスでも有効です。

あるいは反対に上司の心配の種が分かっていてもいいでしょう。「このプロジェクトを通して、心配の種を1つ取り除けます」という話であれば、上司にとってはありがたいプロジェクトになるはずです。

上司の目的が分からないときは

しかし、時には上司の目的が分からないというケースもあるでしょう。その場合は、会社の理念やビジョン、パーパスといった公の大義を知っておくと役に立ちます。

一般的には、上司の目的と会社の目的や理念は一貫しているはずです。こうした文章は、恐らく会社のホームページやイントラネットの冒頭に掲げられていると思われます。それを使いましょう。あるいは、もう少し手近な情報として、中期経営計画や年間計画で示されているゴールや目標なども使えそうです。これらを具現化するために、自分のプロジェクトや提案が貢献できるという話であれば、上司はきっと興味を持って聞いてくれます。

そうした情報が見当たらない、あるいはちょっと古そうだということであれば、とても簡単な方法として上司に「一生懸命に探したのですが、私には見つけられませんでした。我々はここ数年で何が達成できたら成功と言えますか」と尋ねてみましょう。自分たちが目指すべきものを教えてくれると思います。

以上のように、上司から承認をもらう際には、自分の目的、そして上司の目的をきちんと理解することが大事です。それらに沿っていれば、きっとすてきなプランができると思います。

私自身も、若いうちは上司に承認してもらうのはあまり得意ではありませんでした。自分のプランと努力ばかり気にしていて、上司の視点をあまり意識していなかったからかもしれません。経験を経て、提案を受ける立場になってから「彼が提案してくれたプロジェクトで、今期のこのブランドの目標達成は解決できそうだ」とか、「彼女のプランがあれば、来月の懸念は1つ消えそうだ」といった具合に判断していることに気が付きました。つまり、提案そのものを単独で判断するというより、部門やブランドが抱える、他の多くの問題と一緒に考えている、ということです。

ひょっとすると、プロジェクト単独で判断するときは、却下するときが多いかもしれません。単体で見て、既にプランがどこかで破綻していたり、成立しにくいものであったりする場合です。承認されるプランの多くは、単独で素晴らしいだけでなく、関連するビジネス全体を見た上でも成立しているということだと思います。

20 プロは1発の成功より再現性を大事にする

【質問】

マーケティングって正直、運や雰囲気で良い方向にコトが運ぶことはないのでしょうか？　広告や企業ブランディングのための宣伝を見ていても、なんとなく若者に刺さって、共感を得られ、バズるようなものをつくれば、それはマーケティングのおかげになるのでしょうか？

ラッキーストライクの弊害

私が中学生だったとき、国語の先生がこんな話をしてくれました。担任していた生徒の1

人が、素晴らしい絵を描いたことがあるそうです。「この生徒は偉大な芸術家になるのではないか。もし偉大な芸術家になるなら、私は担任として何をしてあげるべきだろう」と大いに興奮されて、美術の先生に相談しに行きました。

美術の先生もその絵の素晴らしさに同意します。「確かにあの作品には私も驚きました。中学生が描くレベルではない」。しかしながら、意外と淡泊にこう続けたそうです。「ただ、芸術家として大成するためには、あのような作品を繰り返し生み出せることが大事です」

一発だけたまたま素晴らしいものができたとしても、再現性がないと続けられません。このコーナーは100馬力だけれど、次のコーナーでは20馬力しか出ないエンジンを載せた車両はとても扱いづらいことでしょう。むしろ、安定的に60馬力出るエンジンのほうがスムーズに走らせられそうです。プロフェッショナルも同様です。

運や雰囲気による、たまたまのラッキーストライクは起きるものか。もちろん起きます。頻繁には発生しませんが、目に付く程度には起きているかもしれません。ラッキーであれなんであれ、成功は成功です。ただ、こうした成功の問題点は事前に分からないことです。うまくいくや否や品切れしたり、初速がいいのに継続支援が用意されていなかったり、次の一手が計画されていない、などといったことが起きそうです。

ビジネスの長期的な成長を期待されるマーケティングのプロフェッショナルに肝要なのは、

再現性を持って安定的な成果を出せることではないかと思います。長く活躍し続けているマーケティングプロフェッショナルやビジネスリーダーたちの戦績を見ても、必ずしも毎回大当たりしているとは限りません。ダメージコントロールをして失敗を小さく抑え、上手に経験値を積むことで、安定的な成果をベースにしつつ、適宜当たりが交じる、というリズムは理にかなっています。また、製品・サービスのカテゴリー、組織規模、あるいは特定のビジネスモデルなど、マーケターそれぞれに得意領域があると思いますが、安定的に成果を出すために必要な経験値を積み重ねてきた分野が、こうした得意領域になっていくのかもしれません。

21 イノベーションを考える責は、マーケターにあり

【質問】
マーケティングの仕事に取り組む上で、大切にしている軸は何ですか？

「今日の夕食、何食べたい？」に答えられるか

徹底的に消費者あるいは顧客を理解して、彼らをマーケティング活動の中心に据えるのだけれど、それは顧客の言いなりになる、ということではありません。どれだけ調査をしたところで、多くの人は自分が何を欲しいか、なかなか言い切れるものではないからです。

今日の夕食に何を食べたいのか聞かれて、「何でもいい」と答えるのは、決して珍しい反応

ではありません。「今日は焼き肉を食べたい」などと具体的に食べたいものがあるときには、どこで誰と食べたいのかなど、いろいろ明確に想像できそうです。対して、「夕食に何を食べたいか」となると途端に答えにくくなる。「今日は焼き肉を食べたい」のと同様、具体的に欲しいと思ったものや、愛用しているものについては明快に話すことができそうです。対して、「来年買うかもしれないクルマ」とか、「次に試してみるかもしれない化粧水」について、自分が何を期待しているのか明言するのは簡単ではありません。

20～30年前であれば、消費者は今使っている商品やサービスに対して、不満や改善点を感じていました。それらを把握し改善点に優先順位を付けるために、消費者調査で課題や希望を聞いてみることは有意義でした。不満が感じられていれば、聞けば教えてくれるでしょう。ところが、現在の市場で同じように聞いてみても、消費者や顧客は「それらしい」回答をくれますが、必ずしも心底そう感じているとは限りません。日々の生活で不便を強く感じることは随分と減り、顕在化したニーズがそれほど多くないのです。消費者や顧客はイノベーションの良しあしを判断し、好き嫌いを感じ、消費してくれるのですが、そもそもイノベーションの立案や実施の責は負っていません。イノベーションを考え、世に問うべきは企業やマーケターです。消費者調査や消費者理解はとても重要ですが、それは「何が欲しいか」を聞くためではなく、「何を提供すれば喜んでもらえるか」をよりよく想像するためです。

22 マーケティング初心者は、何を学ぶといいのか

【質問】
マーケティングを学ぶためには、どうしたらいいでしょうか？

「仕組み」を理解し、「働きかけ方」に習熟する

以前、「ＢｔｏＢビジネスとＢｔｏＣビジネスのマーケティングは同じですか？　違いますか？」と聞かれたことがあります。その当時、私はＢｔｏＢについて大した知識も経験も持ち合わせていなかったので、その違いについてうまく説明できませんでした。

きちんと振り返れば、ほとんどのＢｔｏＣビジネスも実際にはＢｔｏＢのクライアントであ

り、同時にＢｔｏＢのサプライヤーでもあるのですから、実は身構えるほどの問いではありません。

ＢｔｏＢであれ、ＢｔｏＣであれ、意思決定しているのも、ベネフィットを享受しているのも「人間」です。そうであれば、つまるところ人間に意思決定してもらえるように働きかけていくのが多くのマーケティング活動です。この部分では、ＢｔｏＢとＢｔｏＣのマーケティング活動に本質的な違いはありません。意思決定の基準として、ベネフィットや製品性能、パーパスやＳＤＧｓ（持続可能な開発目標）、ＥＳＧ（環境・社会・企業統治）、自我や社会との関係など、様々な要素が出入りする点や、新しく「いい商品」や「いいサービス」を提案していく様子も同じです。

一点、異なると思われる点が「意思決定者の自我」です。会社の役割や立場に基づく自我は、社会や家庭での自我とは異なります。自我が異なれば同じ人間でも行動が異なります。母としての意思決定と、妻としての意思決定と、部門長としての意思決定と、役員の部下としての意思決定では、それぞれ重視する属性が同じとは限りません。

そうした自我に影響される個々の人間の意思決定に働きかけるためには、マーケティングに限ったことではありませんが、「人間理解」を進めることがとても重要だと思います。マーケティングでは特に、「パーセプション（認識）が変化する仕組み」と「パーセプションを変化させる働きかけ方」に着目するといいでしょう。「仕組み」を理解し、「働きかけ方」に習熟することは、いいマーケターになる第一歩だと思います。

消費者を見ていく際は、その自我を捉えるのがポイントです。前述のように、同じ人間でも自我によって選択基準や行動が変化します。自我は社会学の中では「役割」でもあるので、人間の自我や役割が行動に与える影響を観察すると、マーケティングで世の中をより良くすることに役立つと思います。仕組みと働きかけ方、自我、パーセプションの変化などについては、『The Art of Marketing マーケティングの技法―パーセプションフロー・モデル全解説』（宣伝会議）に詳述しました。ブランド企業にも、広告会社にも有益であると思います。

23 マーケ視点で銀行とフィンテックの両立を考える

【質問】

春から銀行に就職が決まっています。フィンテックと既存の銀行の働きをうまく両立させるには、どうしたらいいでしょうか？

「機能とベネフィット」を見極める

銀行はお金を貸したり、保管してくれたり、投資をしてくれたりしますが、そうした活動を通して私たちに何かいいことが起きているはずです。これは、マーケティングにおける「機能とベネフィットの違い」とも通じます。

銀行にはお金という単位を通して、人々や企業活動による成果を流通できるようにするという機能があります。一方で、お金のやり取りを通して、誰かを支援したり、感謝されたり、お礼したり、お祝いされたり、将来に安心を感じたりするというベネフィットを享受できます。いずれ人と人とのつながりを生み、新たな活動を興すでしょう。

これをオンラインでやるのか、キャッシュレスでやるのか、それとも実体のある紙幣でやるのか、あるいはそれら以外の何か新しい価値単位でやるのか。それぞれ具体的な活動は違うように見えますが、社会に対して行っていることは、本質的に同じではないかと思います。実際に銀行が行っている融資や貯金といった「働きかけ方」や機能ではなく、銀行が存在することによってどういった「仕組み」やベネフィットに寄与しているかを見通すことで、フィンテックとの両立やお互いに補完し合う方法も見えてくるのではないかと思います。

24

認知先行の誤解 人は「好き」になったから名前を知る

【質問】

消費者に商品を買ってもらったり、提案を受け入れてもらったりするためには、ベネフィットや課題を認知してもらうことが大切だと思っています。消費者に商品を認知してもらうために、音部さんが大切にしていることや工夫していることがあればお聞かせください。

ブランド名が知られていることは、実は重要ではない？

モノを買ってもらうため、あるいは自分（のブランド）を好きになってもらうためには、まずは認知が大事だと考えがちです。自然な考え方ですが、自然な考え方が必ずしも真理を突いているとも限りません。名前を知ってから好きになった人と、好きになってから名前を知った人は、どちらが多いでしょう。たぶん後者です。

最初に名前を覚えてもらわなくても、まずは好きになってもらえたら、恐らく消費者は名前を調べるでしょう。検索のリテラシーも環境も随分と良くなっているので、消費者自身が商品を通じて解決すべき課題が分かっていて、特徴をちゃんと理解してもらえていれば、きっと探し出してもらえます。

ブランドの名前を知ってもらえているということは、マーケティングにおいて大事なことと思われていますが、実践的には大して重要ではありません。ものすごく欲しくなれば、調べてもらえます。あれを買うとよさそうだ。あれがあると生活が良くなりそうだし、便利そうだ。あれがあったらきっとすてきだ。そう思ってもらえることのほうが、名前を覚えてもらうよりも随分と大事なことが多いです。これらは課題やベネフィットの認知であり、ブランド名の認知と誤認するのは不幸なことです。

「覚えてもらう」のではなく、主体的な動機を提供しよう

では、課題やベネフィットの認知を促すために、押さえておきたいポイントは何か。それは、消費者のパーセプションや行動の変化は自然現象であるということです。質的調査や、あるいは自分自身の購買行動を振り返ると、いつも理性的で論理的な購買行動をしているわけではないでしょう。しかしながら、こうした個々の購買行動も、それらを集合体として見た群れとしての消費者行動も、自然現象です。超常現象ではないので、論理的に説明がつくはずです。便宜的に消費者と呼んでいますが、もっと正確に言うなら、人間を理解しましょう。「このブランドの特徴を覚えてください、買ってください」というのは所詮、丁寧な命令か、お願いです。いくら丁寧でも、気が向かなければ従う道理がありません。そうではなくて、人間である消費者が、自発的に見たり聞いたり覚えたり行動したりするよう、主体的な動機を提供するアプローチは上策です。知りたくなるような話し方、使ってみたくなるような紹介、買ってみたくなるような体験の提供などを考えられるようになれば、マーケティングの実務者として一人前です。

25

基礎固め、原点回帰に！ マーケティングを知る必読3冊

【質問】
マーケティングを始めるに当たって、普遍的にお薦めの本を教えてください。

マーケティングを習得し、より洗練させるために

これからマーケティングを始める方の基礎づくりに、あるいは実務としてマーケティングをしてきているけれども、原点回帰して基礎を再確立したいという方に、読んでおくべき書籍3冊を紹介します。いずれも本質を説いているので、マーケティングを習得し、洗練させる上できっと役に立ちます。ベテランマーケターであっても、まだ読んでいないという方や、

基本の型を思い出したい方に、ぜひ。部下や後進の育成にも便利でしょう。

『マーケティング22の法則　売れるもマーケ当たるもマーケ』

（アル・ライズ／ジャック・トラウト共著、東急エージェンシー出版部）

最初の1冊はこの本です。マーケティングを始める際に何から読めばいいか、という質問を受けたときに必ずお薦めしています。アル・ライズ（最近では「リース」と記述されることが多そうです）とジャック・トラウト共著の傑作古典で、私のマーケティングの原点でもあります。通常の視点とは異なるものの見方をすることの重要性を学び、認識や知覚を重視する姿勢は「パーセプションフロー・モデル」を発想する起点ともなりました。

極めて平易なのであっさり読み終えてしまうかもしれませんが、そのエッセンスはあらゆるマーケティングとブランディングの基盤となるでしょう。むしろ、マーケティングのほとんどの問題は、ここに書かれていることで解決できるかもしれません。

特に第4の法則、「Marketing is not a battle of products, it's a battle of perceptions.（マーケティングとは商品の戦いではなく、知覚の戦いである）」は時代に依存しない、つまり人間の本質を捉えた箴言《しんげん》です。つい忘れてしまいがちですが、強く心に刻んでおくべき概念です。

本書を読む際に大事なのは、よく考え、できれば内容について議論をすること。喉ごしがいいのであっさりのみ込んでしまいがちですが、ちゃんとかんで読むと滋養豊富です。議論の機会に恵まれなかったり、何を考えるべきか分からなかったりするときには、間をおいて2度、3度と読み直してみてください。その間に自身が変化していれば、新しい知見を見いだせるかもしれません。

『アイデアのつくり方』
（ジェームス・W・ヤング著、CCCメディアハウス）

マーケティングを始めるに当たって読むべき2冊目の本がこれです。私が過去に帰属したマーケティング組織では、これも課題図書に設定していました。本書の冒頭にも書かれているように、この本を読んだからといって必ずしもアイデアがあふれてくるわけではありません。でも、アイデア創出の仕組みが理解できると思います。「論理的思考力」と「創造的発想力」を別の能力のように捉える見方もあるかもしれませんが、本質的には（ともに思考技術なので）対立概念ではないことが理解できるでしょう。

中段で示されている次の概念も、主題とは直接関係していないものの至言です。

「どんな技術を習得する場合にも、学ぶべき大切なことは第一に原理であり第二に方法である。これはアイデアを作りだす技術についても同じことである。」(『アイデアのつくり方』より)

自分がその方面に向いているのか否か、1つの試金石になるでしょう。もし向いているようなら、つまり大きな苦痛を感じずにできるようなら、うまく才能を使いましょう。もし向いていなくても、つまり実行に多大な苦痛を感じるようでも、悲観することはありません。向いている人を「外部資源」として協働すればいいのです。万能の天才はさほどたくさんいるわけではありません。我々はネットワークの多様性を活用すべきです。

読後に、少し明るい気分になる良書です。

『マンガ孫子・韓非子の思想』
(蔡 志忠著、講談社)

孫子関連ではたくさんの本が出版されていますが、最初に読むべきお薦めが本書です。最大の理由は、漫画なので読みやすいこと。つまり、孫子が示している状況や文脈を瞬時に理解できることです。

内容によっては、絵で示すのは単位面積当たりの情報量を大きくできるので効率的です。簡潔に書かれた孫子のエッセンスを素早く概括するいい方法かもしれません。孫子の兵法から引用された数々の名句を理解する一助にもなるでしょう。

研究者の解釈や解説と一緒に読むに越したことはありませんが、マーケターが一通り、一般教養として知っておくには十分だと思います。しかも、東洋リーダーシップの手引きとも言える韓非子も付いているので、ちょっとお得です。

第2章

キャリアの扉

Door of
Career

26 優秀なマーケターを目指す人に向けた転職の心得

【質問】

活躍している諸先輩を見ていると、何社か転職をして様々な業界に触れることが「優秀なマーケター」になるために必要だと思うようになりました。やはり、マーケターは転職すべきでしょうか？

転職は、いいマーケターの条件？

進路に悩むのは、誰にでもよくあることです。敬愛する開高健のエッセーに「生まれるのは偶然、生きるのは苦痛、死ぬのは厄介」という文章がちょくちょく出てきます。キャリアになぞらえれば、「就職は偶然、続けるのは苦痛、辞めるのは厄介」と言い換えられるのかもしれません。人生もキャリアも、悩ましいことです。

諸先輩や友人たちを見ていると、多様な業界に触れたから活躍しているように見えることがあります。でも実態はむしろ逆で、相応の能力を培ったから多様な業界で活躍されているのではないかとも思われます。「金持ちはいいクルマに乗っている。だから俺たちもいいクルマを買って金持ちになろう」という笑い話があります。解説するまでもなく、いいクルマに乗っているから金持ちなのではなく、金持ちだからいいクルマに乗っているわけなので、クルマをまねても金持ちになれるものではありません。同じように、転職したり業界を替えたりすることがいいマーケターになるための条件ではないように思います。

優秀であるというのは、単位時間当たりの経験値獲得量で示されると思います。逆に言えば、優秀になるためには単位時間当たりの獲得経験値を高めればいいのです。その獲得経験値量に影響を与えそうな変数は、勤める会社、所属する業界、担当する製品やサービス、一緒に働く社内外のパートナー、そして対象となる消費者。それら多くの変数の中にプロフェッショナルとしての自分自身があります。周囲の変数が変わることによって新しい視点を獲得し、成長につながることもありそうです。同時に、周囲の変数を閾値《いきち》より下に抑えることで、むしろ自身のラーニング効率を高めやすいこともあります。同じ環境であるからこそ、身に付けられる技術もあるでしょう。

経験値を獲得する効率、ラーニング効率を意識してみよう

転職すると、新しい組織や業界、仕事内容や人間関係に慣れるために相応の時間や労力を要します。新しいルールやプロセスを覚えるなど、新たに習得する必要があるからです。この期間は、少なくとも一時的には、ラーニング効率を下げてしまうかもしれません。この観点で見れば、ある程度の基礎を確立するまでは環境変化は少ないほうが、1年間で得られるラーニングは大きそうです。

もし目指すべき自身の未来像に対して、年間当たりのラーニングの減少を感じつつも、自助努力では解決しにくいと結論付けた場合、新しい環境に挑戦するのも選択肢となるでしょう。プロセスやルールを覚えるといった初期投資が必要になりますが、その後は高い経験値を効率よく獲得できるかもしれません。一概に転職がいいとも、悪いとも言えないのが難しいところです。

徹底的にピアノを習得した音楽家と、いろんな楽器を習った音楽家。ずっと野球をやり続けたアスリートと、いろいろな競技をプレイしてきたアスリート。自身がプロフェッショナ

ルとして目指す姿はどちらでしょう。何かをマスターすることで、別のことをマスターしやすくなる、という側面もあります。同時に、ある程度の労力を投入しないと、得られないスキルもあります。向き不向きもあるかもしれません。向いていることのほうが、腕を上げやすいようにも思います。

この悩ましい問題に対処するためには、自身のラーニング効率という視点で眺めるとヒントがありそうです。同時に、自分はキャリアでどこを目指すのか明確にしつつ、適宜、自身の成長速度を把握しておく仕組みを持っておくと客観的に判断できそうです。

27

キャリアに迷ったら「給料アップ」を意識してみる

【質問】

このままマーケターとして生きていきたいと思っていますが、迷いもあります。キャリアについて音部さんはどのように考えられますか？

「プランド・ハプンスタンス」知っていますか？

マーケターのキャリアについて考える場合、「いいマーケター」の定義が必要なスキルを示すように、目指すべきプロフェッショナル像が明らかだと、必要な経験が示唆されることでしょう。「いま勤めているこの会社でCMO（最高マーケティング責任者）になる」というのも1つの考え方ですが、「消費者を相手にビジネスをする企業で、マーケティング部門長の職責を持つ」と、少し幅を持たせて考えるのも悪くないアプローチです。

前者のほうが明確で強い動機を持てそうですが、後者のほうがフレキシブルで前向きな姿勢を維持しやすいかもしれません。

キャリアや人材開発の領域には、「プランド・ハプンスタンス（planned happenstance）」という考え方があります。「計画された偶然」といった意味です。キャリアの構築ではなかなか予定通りには行かないことが多く、偶然の要素がとても大きいので、偶然をうまく積み重ねましょう、という考え方です。

振りかえれば、私のキャリアもかなりの偶然とご縁に影響されてきました。どのブランドを担当したとか、誰が上司にいたとか、どの都市で働いたとか、誰が同期だったとか。偶然に左右されるなら、キャリアプランに幅を持たせて、フレキシブルに対応していくのは理にかなっているかもしれません。

とはいえ、完全に運を天に任せてしまう、あるいは行きあたりばったりで構わないということでもなさそうです。なるようにしかならないけれど、なるようにはなれるのです。そのためには相応の努力も働きかけも意味があるでしょう。やはり、ある程度の目的設定は役に立ちます。

いずれ（5年後か、10年後か）自分はどうなりたいか、何が起きたらうれしいか、何を残せたら満足できそうか、あるいは何をすれば世の役に立てそうか、といったことを考えてみるのはヒントになるでしょう。自分はどうなりたいのか分からないときは、中学生の頃に好きだったことを思い出してみるのも手です。

なぜ子供の頃の「好きだったこと」が大切か

戦略を策定する際に「目的」から考えるのは正統で定石です。しかし、戦略を構成するもう1つの要素である「資源」から考えてみることが有効な場合もあります。特に運用できる資源の総量が小さめの個人やスタートアップなどでは、手持ちの資源から考えるのは有効です。数年前から学術の世界で議論されるようになった「エフェクチュエーション」という考え方は、資源に立脚した起業論であると解釈すると、理解しやすいかもしれません。

さて、資源とはすなわち、自分が持っているスキル、能力、ネットワークなど「自分のこと」です。中でも生来の気質は、長期的には大きな影響をもたらすことでしょう。好き嫌いにはいつも明確な理由があるわけではなさそうですが、動機づけや能力の発揮に大きく影響するように見えます。

サッカー選手のほとんどは、サッカーが大好きだろうと想像します。棋士のほとんども、将棋が大好きではないでしょうか。音楽家も、小説家も、俳優も、それぞれに自分の専門分野を大好きなのだと思います。

自分が大好きだったことに、「生来の強み」や「向いていること」が潜んでいても不思議ではありません。持って生まれた能力を発揮するのは、きっと、直感的・本能的に楽しく、好きになることなのだろうと考えます。

いろいろ考えてみたけれど、自分の特性や強みがよく分からないし、特に好きなものも思いつかないし、将来的にどうしたいのかも分からない、という場合に備えて、私が若い頃に知った暫定的な考え方を示しておきます。

それは「キャリアに迷ったら長期的に給料を高くすることを意識してみよ」というものです。先輩に教えてもらったか、何かに書いてあったのか、出所を忘れてしまったこの一文はとても利己的に聞こえますが、実は社会貢献を第一義にしています。

会社員など雇われのプロフェッショナルは、給料からの天引きで税金を払います。つまり給料が高くなれば、税金も自動的に高くなります。1円でも多く稼ぎ、1円でも多く税金を払うのは、すなわち社会のためになるはずです。

寄付をしたり、ボランティアをしたりするのとは趣が異なりますが、給料から安定的に税金を払うのも社会への立派な貢献です。給与が個人の貢献を正しく反映していて、税金が世の中のために正しく使われているという前提に立てば、この考え方は合理的です。

もちろん、世の中はそれほど完璧に運営されているわけではありませんから、前提条件が完全に満たされることはないかもしれません。とはいえ、この前提を完全に否定するものでもないだろうと期待します。

28

新入社員へ、まずは「優秀な2年生」を目指しましょう

【質問】
もし新卒のマーケター志望の人が音部さんの部下に配属されたら、音部さんはその人に何を求めますか。また、どんな人だと新卒でも重宝されると思いますか？

1年目で差が付くのは、教育の問題

入社1年目が集中すべきことには、様々な考え方があるので、いろいろな人に聞いてみましょう。特に直属の上司には、最初に質問すべきことの1つかもしれません。

私がCMOなどをしていた頃、1年目の方々に期待していたのは、「1年後にできる限り優

秀な2年目になる」ことでした。同様の期待を彼らの上司たちとも共有していました。社会に出て5年も10年もたてば、それぞれに個性や強みが発現してくることでしょう。優秀か否か以上に、向き不向きが分かってきます。いずれ、それぞれの強みをうまく使って活躍できるとすてきです。多様性の意義です。

では、入社1年目ではどうでしょう。その程度の期間で差が出てくるのは、組織の教育の問題ではなかろうか、と考えました。「新入社員の全員が優秀な2年目になる」ための構造や仕組みをつくり、新入社員を迎えたマネジャーたちの連携も促しました。1年目が優秀な2年目になれば、翌年には優秀な3年目になり、いずれ全組織が優秀になるだろう、というシンプルな期待もありました。

「何ができたか」だけでなく「何をできるようになったか」

厳しい入社試験をくぐり抜けた新入社員たちの、初陣で勇名を馳せたい、という気概も分かります。自分もそうでした。しかし成果を出すことはとても大事であるけれど、どうやって成果を出すか、ということも同じくらい重要です。

「売り上げ1億円を達成しました」というのは素晴らしい実績ですが、今年の話です。来年は関係ありません。対して「売り上げ1億円を達成する方法を身に付けました」というのは、来年以降も使えます。四半期ごと、あるいは毎月、場合によっては毎週の振り返りで、「今回は、何を達成したか」に加えて「今回は、何ができるようになったか。何を学んだか」を、明確にしてみましょう。これが有効なのは、1年目の間だけではありません。私も頻度は落ちましたが、今でも「今年は何ができたか」だけでなく、「今年は何をできるようになったか」を振り返り、成長を確認するようにしています。

さて、ついでに2年目について。無事に優秀な2年目になったら、「5年後、あるいは10年後にどのようなプロフェッショナルになりたいか」考えてみましょう。そして、そのために身に付けるべきスキルや獲得すべき経験をリストアップします。分からなければ上司やメンターの助けも借りましょう。

どのような経験を通して、どういったスキルを身に付けるべきかが分かったら、自分が担当するプロジェクトやタスクのリストと比べます。1つのプロジェクトから複数の学びがあるかもしれませんし、雑用に見えたタスクから思わぬラーニングを得る可能性に気付けることもあります。

雑巾仕事からでも経験値を吸収できるような〝鉄の経験胃袋〟は、長期的な成長に不可欠です。ろくでもないプロジェクトが存在しない会社にはお目にかかったことがありません。個人的にも、多くの雑巾仕事を担当しました。でも、丈夫な経験胃袋を鍛えておけば、そうした経験をも糧にして成長することができます。加えて、このプロセスを踏むことで、自分の目的を達成するために、会社の仕事をすることができます。自分のために会社の仕事をすることができれば、両者にとって建設的です。これも、２年目だけでなくずっと続けることで、キャリアの中で達成できることが増えると思います。

Door of
Career

29 P&G退社を決めた40歳 仕事に生き続ける大切な経験

【質問】

私は現在40歳です。音部さんは40歳の時に、どういった考えを持って仕事をしていましたか。当時、実行していたことで、今も生きている経験があれば教えてください。

米国本社でGMOと共に働いた時代

私が40歳の時は、ちょうどP&G米国本社にアサインされている最中でした。その当時、アジアのヘッドクオーターが神戸からシンガポールに移転するという変化が起きていたことも相まって、米国から帰国すると同時に退社するかもしれない、などと見通しを持っていました。

このアサインメントをうまく完了できた頃、米国や日本の幾人もの同僚も同じ時期に辞めると知り、そういうタイミングなのだと感慨深く思った記憶があります。

米国時代にグローバルマーケティングオフィサー（GMO）であったジム・ステンゲル氏の近くで仕事ができたことは、とても幸運でした。ここでの経験は、後に私が日本の資生堂でCMOとしてブランドマネジメント組織を構築する際にも非常に参考になりました。複数の製品カテゴリー市場で競争を展開する企業が構築すべきマーケティング組織について、貴重なラーニングを得られたからです。

当時、マーケティング部門のリーダーだったジムは、各ブランドに対して具体的な指示は出しませんでした。にもかかわらず、遠隔的・間接的に知識の流通を促し、組織全体を方向付け、ブランド群を伸長させていたのです。彼は直接手を下さないけれど、組織は彼の企図に沿って成長しました。

40歳になるのとほとんど同時に、私は帰国して、最初の転職をしました。転職先ではグローバルチームとの協働を先行して行うため、最初の3カ月間は本拠地でバルセロナ勤務を経験することになりました。

「ブランドマネジャーを1000人育成」をライフミッションに

振り返ってみれば、私はP&Gで「引退まで勤め上げる」というキャリアをたどった先輩を一人も見ていません。27歳でブランドマネジャーになった頃から、社外でも通用するために何をすればいいのか考え始めていたように思います。意識としては、社内の評価を超えて、社外から見ても分かるようなプロジェクトやブランドの成功を実現しようと、日々努力していたような気がします。

担当した「アリエール」も「ファブリーズ」も「アテント」も「パンパース」も市場シェアが下降中で、私はブランドの回復を担当することが多かったように思います。必ずしも下降中のブランドへの着任を望んでいたわけでもありませんでしたが、それが私には向いていたようです。これらの業務を担当できたことはとても幸運でした。

マーケティングディレクターになり、30歳を過ぎたあたりから気にしていたのは、直属の部下だけでなくマーケティング組織全体の育成です。その頃には、ファブリーズは全世界で売り上げ1000億円を超えるブランドへと成長していました。当時のファブリーズのマーケティング戦略は、米国本社発ではなく、我々のチームが日本で開発したものでした。

そのあたりから当時の私程度、つまり「〝1000億円〟規模のブランドを構築できるブランドマネジャーを〃1000人〃育成する」というライフミッションを持ち始めました。

「1000億円ブランド」を構築できるマーケターが1000人いれば、100兆円の売り上げが立ちます。これは日本の国家予算に相当する額ですから、実現できればマーケティングによる、いい社会貢献になるだろうと考えました。

そういうわけで、そのライフミッションに対し真剣かつ一生懸命に取り組み始め、それは現在も続いています。

石井淳蔵先生から薫陶。神戸大学で博士号取得

目標を掲げてからは、社内で「Friday Night Session」という自由参加のトレーニングセッションを行っていました。広告会社など外部の方も含めて300人程度が参加されたと思います。結果的に、この活動を通して腕に覚えのある多くの次世代マーケターたちと深く知り合えたことは幸運でした。

これが私自身の経験や知識を豊かにしてくれたと思います。ここでのセッションが、3冊の著作の基にもなりました。今の私に大きな影響を与えたことは間違いありません。最近でも、P&Gの現役マーケターを相手に戦略などのセッションを行う機会があります。懐かし

さとともに、持続的に役に立てるうれしさを感じます。

それ以外の活動としては、米国勤務と前後して神戸大学で博士号を取りました。論文を提出するためには学科試験をパスしている必要があるという条件は予想外でしたが、経営学書の古典を読む良い機会となりました。

いろいろな考え方があると思いますが、ＭＢＡも博士号も「締め切りを買った」という効果があったように考えています。そうでもなければ、絶対にしなかったような勉強をすることができました。

もちろん、大学で学び直す主要な意義は指導教官から洞察や視点を頂くことです。私の場合は、『マーケティングの神話』(日本経済新聞社)や『ブランド 価値の創造』(岩波書店)などを執筆された石井淳蔵先生の薫陶を受けることでした。こうした経験が、今も私の活動に生きているのは間違いありません。

残りの時間で考えるとき、人生１００年を前提とすれば40歳ならあと60年あります。人生が75歳で終わっていた頃の30歳に相当するのですから、学び続けるのは大事なことでしょう。たまたまこの原稿を書いている最中に、立派なキャリアと並行して母校のＭＢＡに通っている若い友人から論文の相談がきました。社会に出てからも、継続的に学びや研さんを続ける時代になってきているのだと、実感することが増えたように思います。

30 私が大学で教壇に立つとしたら…

【質問】
大学で教壇に立つとしたら、どういう講義を考えていますか？

寝ずに博士論文を書くに至った動機

40歳になる頃、最初の転職をする前、神戸大学の経営学研究科で経営学の博士号を取得しました。マーケティングを専攻すると商学博士の学位になるそうですが、神戸大学は日本で初めて経営学部を創設した大学の1つであると聞いたこともあり、経営学博士を希望しました。

それまでずっとマーケティングの実務をしていましたし、今でも続けていますが、同じマーケティングでも学位の勉強は似て非なる側面も強くて、なかなか希有《けう》な体験でした。最終的には博士論文を書かねばなりませんが、そもそも論文提出資格を手に入れるのが大変です。予備的な論文(「第2論文」と呼ばれていました)を提出しなくてはならないし、いくつかの学科試験にも合格しておく必要がありました。第2論文も大変ではありましたが、学科試験が猛烈に難関でした。

社会人学生でも、情け容赦はありません。大学院生を対象とした問題をいくつも解かなければならないのです。フルタイムで大学院生をされていた先輩たちに過去問を指導してもらい、何とか3年目でぎりぎり論文提出資格を手にしました。提出資格を得るや否や、指導教官だった先生が退任されるとか、異動されるといった噂が出てきて、「博士論文は来年出せばいいか」というオプションはなくなりました。その年の年末、追われるように博士論文を提出できましたが、締め切り直前はあまり寝ていなかったように思います。寝ずに仕事をする経験はほとんどありませんでしたが、博士論文は別物でした。

実務家が学位を取るケースも最近では増えてきましたが、当時はまだあまり一般的ではなかったかもしれません。この一大決心には、個人的で大事な動機がありました。

「技術立国日本」の復権で、マーケティングに何ができるか

少子化、高齢化が進み、日本企業が世界のあらゆるランキングから外れていき、日本の大学は世界のランキングから漏れていき、アジアの国々が追い付いてきたり、抜いていったり、「ジャパンアズナンバーワン」などと言われた時代は遠くに過ぎ去っていました。ジャパンアズナンバーワンの頃の日本は技術立国で、理系の開発力が国力の源泉であるという強い印象がありました。その頃のような技術立国の復権に際して、マーケティングができることは、技術者たちに時間を買うことではなかろうかと考えました。もしも技術に依存しない市場創造を実現できれば、研究開発をする時間をつくることができます。日本にはもう一度チャンスが来るかもしれません。

デジタルカメラの進化が気付かせてくれたこと

こうした考え方に至った印象的な観察の1つが、日進月歩の開発競争を繰り広げていた1990年代のデジタルカメラでした。3万〜4万円ほどのカメラの画素数が300万画素から400万画素に上がり、その間は価格が維持されます。でも半年後には3000円から

５０００円ほど値下がりします。次は５００万画素のカメラが登場し、価格が維持されます。技術の進歩とは、そもそもそういったダイナミズムで動くものなのかもしれませんが、各社の光学技術者たちの才気と労力が、価格を半年間５０００円維持するために投入されている印象でした。

翻ってその実用を考えるとき、コンピューターのモニターよりも大きな写真が必要なわけではありません。ひょっとすると、実際のところは３００万画素くらいで十分だったのかもしれません。カメラが趣味なわけでも、業界に詳しいわけでもないので、完全に素人の印象ですけれど、スマホの浸透でデジタルカメラを買わなくなった人々の多くはそうした層だったのではないかと想像します。消費者の実態に対して過剰な性能進化を遂げるのは、デジタルカメラの画素数だけではないかもしれません。クレイトン・クリステンセンの名著『イノベーションのジレンマ』にも、顧客のニーズをはるかに超えていく技術進歩の話が出てきます。

では、可能性として、どのような世界があり得たか。歴史を巻き戻すことはできませんが、もしも画素数ではなく、当時の写真のサイズでよく見られたL判（89×１２７ミリ）相当とか、２L判（１２７×１７８ミリ）相当といった出力のサイズで性能を表示していたら、異なるダイナミズムが生まれる可能性もあったのではないかと思います。３００万画素と比べれば４００万画素のほうが上等です。でも、２L判でも３００万画素できれいな写真になるのであれば、それ以上の画素数に必要は感じにくいかもしれません。プロフェッショナルや愛好家向けの技術開発は継続するとしても、大衆向けには異なる方向の進化があっても不思議ではないと思います。技術者たちが飽くなき改善にまい進することは、職業的美意識として正しいことでしょう。同時に、マーケターたちが、そうした技術を消費者のベネフィットへと転換できることは、技術者の労力が効果的に結実されるのに役立つはずです。

そこで、そうした市場創造を指揮できるマーケティングリーダーを1000人育成することをキャリアミッションとしました。転職のたびに担当する組織規模を拡大しているのは、このミッションを考えたとき、より多くのマーケターの育成に関与するためでもありました。残り時間を考えると、いずれペースを上げる必要があります。大規模な育成を考えると、教育機関での活動は理にかないそうです。

マーケティングリーダー育成の一翼を担う

さて、前置きが長くなりましたが、質問に答えてみたいと思います。もし教壇に立つ機会が訪れたらどのような講義をしたいか。履修者の多い基本的な「マーケティング論」の授業はとても大事だと思います。マーケティング部門が多様な職能と協働することを期待される以上、多様な領域のプロフェッショナルがマーケティングの本質を理解していることは、きっと役に立ちます。表層的な誤認に基づいて、マーケティングを忌避する人たちもいます。そのためにマーケティングの活用がおろそかになるのはもったいないことです。それに、マーケティングの道を志す人が増えてくるのは、うれしいことです。

加えて、マーケティングを本業としていく人たちには、ブランドマネジメントの方法や消費者理解の考え方、あるいはマーケティング活動全体の設計技法としてパーセプションフロー・モデルなども重要なテーマだろうと思います。次世代のマーケティングリーダーを育てるのは学校ではなくて企業であるという現実も踏まえつつ、いずれ大学もそうした機能の一翼を担うことができれば、社会の発展に役立つだろうと信じています。

31 その絶望、単なるエネルギー切れかもしれません

【質問】

仕事において、「もう無理だ、一歩も進めない」と思った経験はありますか。またそこからどうやって立ち直りましたか？

ネガティブの暴走を止める仕掛けを用意しよう

仕事で気分が落ち込んだり、逆に高揚したりすることは、コーヒーに苦みを感じたり、ランチのピザをおいしいと感じたりするのと同じくらいの頻度で経験しています。日替わりどころか、午前と午後で気分が大きく変わることも珍しくありません。何度も絶望に後頭部を

撃ち抜かれて昏倒《こんとう》し、焦燥感にのたうち回りながら希望を見つけ、挑戦にあがいてずぶぬれになり、うららかな日だまりで穏やかに成果を眺め、新しい雷雲が現れ、助け、助けられ、走ったりしゃがんだり、上がったり下がったりしながら、気付いたことがあります。気分が落ち込むのも、回復させ高揚させるのも、最も大きな変数は自分自身かもしれない、ということです。

落ち込んだり高揚したりする気分は自分の心や精神に表れますが、それらに大きな影響を及ぼすのも自分の心や精神です。平たく言ってしまえば、ものは考えよう、です。落ち込んでいるから落ち込んでいるのだ、とおまじないをかけつつ、まだ精神力が残っているなら、客観的に事態を眺めてみましょう。何がどれほど絶望的か把握して、理知的な回復策がないものか、改めて探してみましょう。

その際、「何が起きたら成功と言えるか」を、具体的に示してみると問題が氷解することがあります。以前、『なぜ「戦略」で差がつくのか。』(宣伝会議)という本を書きましたが、これを読んで鬱々とした気分が改善したという人の話を聞いたことがあります。自身の目的を明確にしたところ、日々の活動を超えて自分自身がなすべきことが明らかになり、悩みが消えていったそうです。目的が分かれば、問題は半分解けたようなもの、というおまじないのような考え方もあります。

とはいえ、落ち込んでいる時に、そんな精神力は残っていないことも少なくありません。いわば、ネガティブに暴走しているような状態です。ハンドルもあまり動かないし、ブレーキも利かないように感じられます。

気持ちや活力に余裕があって順調な時に、定期的にグッドニュースをもたらしそうな仕掛けを用意しておくことも有効です。長い下り坂の途中に、ブレーキが利かなくなった車両を止めるための「緊急退避所」という施設が用意されている場所があります。道路外にある、上りスロープになった、砂が盛られた未舗装の小さなパーキングエリアのようなスペースです。仕下り坂でブレーキが利かなくなった車両は、この砂の施設に逃れて止まることができます。仕掛けておいたグッドニュースは、「ブレーキ故障車待避所」のように、ネガティブな暴走を止めて、回復のきっかけをくれることがあります。毎週用意する必要はありませんが、四半期に1度か、半年に1度、落ち込んでいれば助けられますし、好調なら使っても使わなくても大丈夫です。

例えば、うまくいっているブランドや事業の振り返りを設定したり、陽気で気楽な友人との会食を設定しておいたり、メンターとの面談や、業界のカンファレンスに出かけるなどもよさそうです。事前に用意しなくても、不穏な気配を感じたときに友人やメンターに連絡を入れるのも有効です。愚痴を聞いてもらったり、なぐさめてもらったり、励ましてもらったり、ほほ笑んでもらったりしましょう。

もしくは、面倒を棚に上げて寝ちゃってみましょう

そうした支援活動をうまく用意し損ねた場合は、いっそ寝てしまう、という対策が効くことがあります。コンピューターがうまく動かなくなったとき、画面を閉じて放置したら翌朝直っていたなんて経験をしたことがあるかしら。全く絶望的でいかんともし難いのであれば、夕方でも夜でも、ソファの上でもベッドでも、寝てしまいます。15分のこともあれば、一晩かもしれません。どうせ既に手の打ちようもないのです。ひょっとしたら、寝て起きたら解決しているかもしれません。少なくとも、解決するのに絶対的に必要なエネルギーは回復していることでしょう。

つい先日も、ほとほと疲れ果てて、ソファで10分寝落ちしました。目覚めてからもぐずぐずと転がっていましたが、5分たっても10分たっても、眠気は再来しませんでした。たった10分でしたが、一定量のエネルギーが回復したのでしょう。状況は何も変わっていませんでしたが、自身のエネルギー量が変化したことで事態の見え方は変化しました。自身のエネルギーが回復しているので、相対的に資源優勢の確立です。

一歩も進めないほど解決策が見えないのは、大き過ぎる問題に対して、自分の資源が脆弱過ぎるのかもしれませんが、その脆弱さの原因は単なるエネルギー切れかもしれません。とかくエネルギーが切れると、思考もネガティブになりがちです。「もう無理だ、一歩も進めない」と思えるほどの状況にあるなら、エネルギーの欠乏である可能性は小さくありません。何とか寝ちゃってみましょう。その際、あまりお酒をたくさん飲むと、アルコールの分解で余分なエネルギーを使ってしまいます。大酒は避けておきましょう。

32 憂鬱な気持ちを一掃！ プロが実践するリフレッシュ法

【質問】

憂鬱な気持ちになったとき、プロとしてリフレッシュするために心掛けていることはありますか？

変身の時間をつくるか、切り替えスイッチを用意するか

潜水艦「はやしお」艦長などを務めた元海将で、現在は金沢工業大学ＫＩＴ虎ノ門大学院で教授をされている伊藤俊幸さんが書かれた記事に、次のような一文を見つけました。

ある研究で自殺の多い都市について調査したところ、その都市は「職住近接」が進んでいて『通勤がない』ことが大きなストレス要因となっていたそうです。

私自身も通勤時間は変身する時間だという感覚があったので、説得力のある記述だなと思いました。記事は次のように続きます。

職場と住居との間で「切り替え」ができないと、ずっとひとつのことに意識が向けられて、ストレスのかかった状態が続いてしまう。在宅ワークが増えているいまだからこそ、大切な視点だと思います。

「切り替え」や「変身」できる仕組みを持つのは大事な気がしていたので、私は一定の通勤時間を持つよう意識してきました。けれど新型コロナウイルス禍以降はリビングの隣が書斎なので、在宅勤務中に変身の時間はほぼありません。距離や時間もさることながら、着替えさえありません。ずっと同じ1つの人格でいます。公的な人格と私的な人格が混ざった状態で、どちらともはっきりしない、ぼんやりした状態が1つだけです。モノを書いているときはこうした状況が続くので、だらりとした緊張感が続いて消耗が著しいことも多いです。

このように極端な職住近接は、慣れるまであるいは慣れてからでも、相応のストレスになるのかもしれません。記事では往時の潜水艦内の解決策として「ヘッドフォンをして映画に没入すること」を紹介していました。全身的な没入感によって、オンとオフの切り替えを促すようです。であるなら映画に限らず、ゲームやスポーツ、バイクやクルマに乗るといった「全身的な没入感」のある活動で「切り替え」や「変身」を促すことがよさそうです。

睡眠時間がパフォーマンスに与える威力

月並みですが、きちんと寝ることが強力な作用を持つことも、実体験を経て重視しています。ほとんど寝てないんじゃないか、という活動的な生活を何年も続けている人も確かに存在します（そして有能でもある）。しかもご本人はあまり苦痛ではなさそうです。同時に、万難を排して確実に8時間寝ていると明言する友人もいます（そしてこちらも有能です）。

こうしたことは個人差が激しくて、一概に「何時間寝るべきだ」「何時間で十分だ」と言えるものではないでしょうし、日によっても違ってくるでしょう。5時間で十分な日もあれば、8時間寝ても足りない日もあるはずです。ただ経験的には、平均5時間ほどだった睡眠時間を7時間程度まで増やしてみたところ、大きな変化を感じました。

脳の生理的な能力はそれほど変わらないだろうと想像しますが、調子の良しあしはありそうです。十分な睡眠を取ることで、実感できるほど思考速度が上がりました（あくまで体感なので、「気のせい」や「2時間余分に惰眠を貪っているのではない、という正当化」が入り込む余地は大いにあります。念のため）。

完全に「個人の感想」ですが、皆さんにも自分の身体や脳にちょうどいい睡眠時間があるかもしれません。最適なセッティングを見つけて、その差が体感できればラッキーです。

その時間は眠るようにしましょう。もし差が出なければ、それはそれでラッキーです。あなたの脳やパフォーマンスは睡眠時間に依存しないということです。能力が恒常的に安定しているのかもしれないし、睡眠時間とは別の変数に依存しているのかもしれません。

自分マニュアルを作成しておく

適宜、自信が揺らいで、いろいろ不安になるときがあります。そんなとき、やはり睡眠時間を取ることで心が強くなる気がすることもあります。

他には良い食事だったり、人との会話だったり、良い文章を読んだりするなど、自分の調子を整えるためのいろいろな手立てがあるでしょう。そんな手立ての1つとして、最後に私が実践している「好調時の自分のやり方を振り返る」という方法を紹介します。

うまくいかない気がするときや、何となく不調なときは、心や頭の使い方が好調なときの自分と違うのではないかと思います。

もしそうなのであれば、好調なときに使っている思考回路を再インストールすれば、復調できるかもしれません。好調時に自分がどのように考え、何に注視し、どのような順番で考えていたのか、といったことを意図的に再インストールしましょう。劣化した自信が、自分のOS（基本ソフト）を入れ直すことでリフレッシュされます。この方法は、スランプに陥ったスポーツ選手が、好調時のビデオを見るのに近いかもしれません。

そのためにも、何かがうまくいったときや、うまく考えることができたときには、考え方をマニュアル的に記録に残しておくことをオススメします。同じ失敗を繰り返さないために、うまくいかなかったときに振り返りをするのは大事なことです。同時に、うまくいったときには、将来の自分のスランプに備えて、「調子が良いときの自分マニュアル」をつくっておきましょう。

何に注視し、どのような原理原則を尊重して、どういった順番で考えたか記しておく。こうした好調時の自分のコピーがあれば、少々調子が悪くなっても自力で元に戻せるので、安心です。そして、こうした「自分マニュアル」は部下を育てる際にも使えて便利です。

33 仕事で大事にしている「3つの考え方」

【質問】

自分の仕事に確固たる軸がないように感じています。音部さんが仕事をする上で最も大事にしている「哲学」は何ですか？

「美しさ」「理性的・合理的」「成長」

意識的に哲学というほどのものを打ち立てているわけではありませんが、普段から次の3点を気にしています。

① その打ち手は十分に美しいか

つまり、ただの思い付きではなく戦略をきちんと考えた上での打ち手になっているか。「目的」と「資源」を再解釈し、所与の資源で最も効率よく目的を達成できる策になっているか。そうした打ち手は、きっと機能的で無駄なく美しくあることでしょう。

実行の半年後に「あぁ、なんて愚かな策だったことか」と悔やむような事態は、どのような状況があり得るだろうなどと活動の実施前に吟味していれば、回避できるかもしれません。可能であるなら、2手、3手先を考えて用意していればさらに素晴らしい。

多くのイノベーションがそうあるように、たとえ発想の起点が気まぐれな思い付きであったとしても、戦略に立ち戻って構造化することが重要だと考えます。思考する過程を経ることで最初に思い付いたときよりも強力になり、洗練させられることが多いからです。

② 自然現象として、理性的・合理的に意思決定できるものか

自然現象として成功を期待できそうか。また、その計画に再現性は担保されているか。つまり、物事の仕組みを理解し、自然現象としての人の感情や情緒を解した上で、自身やチー

ムが理性的・合理的に意思決定できることも重要です。あまり多くの幸運を必要とせず、必然の結果として成功を論理的に説明できると望ましい。

1回限りの計画であっても、適用した戦略やうまくいった概念は反復できることが多いものです。1回限りだからやってみなくちゃ分からない、という博打《ばくち》で成功し続けられる異才でないなら、今回限りの計画にも将来の再現性を意識すべきだと考えます。

消費者の消費行動も、競合や取引先などの行動も、それぞれ人間的で感情に依存する部分がとても多いものです。とはいえ、全て自然現象です。感情による判断も、超常現象ではありません。自身やチームでちゃんと考えれば、対応できることも少なくないように思います。

③ 成長につながるか

成長につながるか。その活動はチームと自身に何を残すか。つまり、この経験を通して、新しく重要な知見を学ぶことができるでしょうか。また、そうしたラーニングを得る方法を用意したでしょうか。

組織にしても個人にしても、成長とは「昨日できなかったことが明日できること」と解釈できます。そして、なぜ昨日できなかったことが明日できるかというと、今日そのやり方を知るからです。組織と個人に成長をもたらす最大の（そして、ひょっとすると唯一の）要素は、経験を含む広い意味での新しい知識です。

活動を通して得られる経験を経験値として獲得し、汎用性のある知識に昇華できるチームやプロフェッショナルは、持続的に成長することができるでしょう。

34

それが目的ではないが、「広告賞」には意味がある

【質問】

海外であれば「カンヌライオンズ」、国内であれば「ACC賞（ACC TOKYO CREATIVITY AWARDS）」や「TCC賞」といった広告賞があります。音部さんはこうした広告賞はじめ、マーケティングの賞についてどのように考えていますか？

受賞は「プロフェッショナリズムの発現」

広告賞を忌避し、権威には目もくれず、自分自身の職業上の美学を堅持されるのは素晴らしいことと尊重します。私自身について言えば、各種の広告賞やマーケター向けの賞を大い

に評価しています。

もちろん「玄人にしか受けない広告だ」や「賞のためにつくってるんじゃないよ」という意見には大いに賛成です。賞のためにつくられ、玄人受けだけを狙った広告は本来の趣旨に反しているように思います。同時に多くの広告賞の受賞作は、そうしたものばかりではないとも認識しています。

実際、私の知る限り、立派なプロフェッショナルとして活躍している人は、賞のために広告やブランドをつくっているわけではありません。でも、ビジネスの目的を達成し、受賞できるなら断然そのほうがすてきです。とてもシンプルなことで、プロフェッショナリズムの重要な発現だと思います。

広告賞を受賞することで一緒に働くチームメンバー、特に広告会社のメンバーの苦労に報いることにもなるでしょう。彼らは会社員やフリーランスとして給料や報酬をもらっていらっしゃいますが、卓越したアウトプットを同業の先輩や仲間から受賞として公に認めてもらうことは、誇らしいことです。お金では買えない動機づけにならないわけがありません。そして、キャリアに分かりやすい戦績が追加されます。

大切なのは「チーム」あっての賞

そうした広告賞を受賞できることは、クリエイティブだけの特権ではありません。一緒に働いたマーケティングチーム、アカウントチーム、調査チームなどのチームがあってのことです。映画賞で与えられる男優賞や女優賞、監督賞などもいい作品といいチームがあったからではないかと思います。プロ野球やプロサッカーの事情はよく分かりませんが、チームはボロボロでも1人だけ優秀だったからMVPを受賞、というわけではないでしょう。

受賞者はコピーライターだったり、マーケターだったり、クリエイティブディレクターだったりするかもしれませんが、そのチームとプロジェクトだったから取れた賞なのではないかと思います。恐らく、受賞された方々の多くはそう思っているに違いありません。

ブランドマネジャーやマーケティングディレクターをしていた頃には、自身が担当するブランドでいくつかの広告賞やマーケター向けの賞を頂く幸運を得ました。チームと人材に恵まれた結果ですが、みんなが誇らしくうれしく感じていました。CMOとして受賞したり、独立後に受賞したりすることもありましたが、それらも自分の力だけでなく、みんなの力で実現できたことです。

大人になってから褒めてもらえるのは、とてもありがたく、誇らしく、うれしいことです。

最近は様々なアワードの審査員をさせていただく機会も増えてきました。それらの賞も次世代マーケターたちの励みになることでしょう。そうしたお手伝いができるのは、とても素晴らしい機会だと思っていますし、賞を贈るほうも贈られるほうも、プロフェッショナル冥利に尽きることだと考えています。

35

外資系か日系か、マーケターが仕事をするならどっち？

【質問】

多くの外資系企業では、新卒採用の段階からマーケティング職として募集が行われています。一方で、日系企業では一部を除いて、総合職として募集されています。マーケターのキャリアという観点から、外資系企業と日系企業それぞれが優れていること・劣っていることがあれば、教えてください。

会社に就く日系企業、職種に就く外資系企業

外資系企業でキャリアを始め、日系企業でも働いた経験から観察してきたことをお話しし

たいと思います。キャリアや働き方の領域は人生観の影響も大きく、実に様々な考え方があるでしょう。そもそも外資系と日系というくくり方がかなり大ざっぱな上、ステレオタイプにも陥りがちです。単純に一般化すべきものではないと考えますが、いくばくかでもヒントになれば幸いと、1つの視点を共有したいと思います。

就職についてよくいわれることですが、日本社会では「会社」に就くのに対し、米国などでは「職種」に就くという違いを感じることがあります。同じ会社の中で、多様な部門や領域の仕事をする可能性が高いか、あるいはむしろ同じ領域の仕事を異なる会社で続ける可能性が高いか、という違いです。外資系でもジョブローテーションや職域の変更はありますし、日系企業でも専門家としてキャリアを構築されている方もいますから、「可能性が高い」ということであって、断定的なものではありません。

終身雇用を前提にジョブローテーションを人材管理の主軸とする組織では、社内事情に通じ、社内の人脈を強化して「会社に関する専門性」を充実させ、貢献を高めていきます。事業や組織の経緯、社内の人々をよく知っていることで、いろいろな仕事がしやすくなります。どの部門に異動しても会社への帰属意識が高く、同じ歴史や物語を共有し、知っている人もいてなじみやすいでしょう。

こうした人的なつながりは、リーダーシップを期待される立場になっても有効に機能します。同時に、このような組織ではマーケティング課長であっても、営業部門から異動してきたばかりで、初めてマーケティング業務を担当するというケースもあります。

一方、入社段階で部門別に分かれている組織では、特定領域に関連した経験値を高めることで「スキルの専門性」を充実させて貢献を高めていきます。マーケティングや営業、ファイナンス、あるいは人事やサプライチェーン、ＩＴ情報システムなどといった各領域の専門性を確立していきます。

こうしたスキルや経験値は、社内人脈などに比べて社外でも適用できることが多そうです。職位が上がるにつれ、領域ごとの専門性に加えてチーム全体のアウトプットを高めることも期待されていきます。このようなリーダーシップも、スキルとしてトレーニングが用意されていることが少なくないでしょう。この種の組織では部門長であっても、転職してきて日が浅く、気楽にランチに誘う相手さえいないということもあります。

これらの違いは、合意形成のプロセスや、社内の共通言語の確立度合いなどにも関係します。どちらがタマゴでどちらがニワトリなのか、定かではありません。相互に関連し合い、影響し合ってきた結果であるようにも思います。

外資系企業の原理

外資系企業で一緒に働くメンバーは、一般的には多国籍です。英語で仕事をしますが、必ずしも全員が英語を母国語としているわけではありません。つまり、日々のやり取りはあまり上手ではない英語でなされます。言葉が心もとない上、長期にわたる人脈やあうんの呼吸、文化背景などが共有されていないこともあり、コミュニケーションではロジック（≒論理構造）やエビデンス（≒論理的な根拠）に依存しがちです。

自由なフォーマットで書かれている文章と、定型フォーマットで書かれた文書を比べたとき、拙い英語でも意味が通じるのは後者です。曖昧な目的設定と、数値化されたものを比べた場合も同様です。こうした定型フォーマットや数値化などの工夫も含め、「ロジックとエビデンス」を共有することで仕事がしやすいよう設計されています。外資系企業で働く方々が論理的に見える場合があるのは、言葉がつたなくてもロジックがコミュニケーションを助けてくれることがあるからかもしれません。

母国語や共に過ごした時間ではなく、「ロジックとエビデンス」に依存している組織であれば、転職しても最低限のオリエンテーションで仕事を始めやすいでしょう。専門性に依拠したキャリア形成とも相性がよさそうです。こうした事情は、人材の流動性に寄与しているようにも思います。平たく言えば、転職しやすい傾向にあると言えそうです。

日系企業の原理

それに対して、いくつかの日系企業ではこうした構造や定型フォーマットを持たないこともあります。母国語と終身雇用を前提とし、時間をかけてあうんの呼吸や固有の企業文化に親しんでいきます。普遍的なロジックや客観的なエビデンスというよりも、属人的なつながりで組織を支えます。

定期的なジョブローテーションを通して、様々な部門に人脈を広げ、会社そのものについての専門家を育成できるような制度が整っていることが多いと思います。大きな会社になると、社内の摩擦が強くなって外患以上に内憂が大きくなる、という事情も理解できます。こうして社内の人脈を盤石にしておくことは、理にかなった対策かもしれません。

随分と前のことですが、日本企業に勤めていたときに丸1日続く会議が毎月いくつもありました。長い会議に出ていると、何だか無駄な時間を過ごしているように思えて、文句を言いたくなることがあります。でも、ひょっとしたら、そうした会議には「人脈や親近感を育む効果」があったのかもしれません。

長い歴史の中で醸成されてきた企業文化であるなら、旧弊であるとして会議時間を短縮すると、社内の人脈による安定性などが損なわれるかもしれません。事前に「ロジックとエビデンス」などを整備しておくと安心です。

優劣ではなく、違いにすぎない

「マーケターのキャリアという観点から、外資系企業と日系企業それぞれが優れていること・劣っていることがあれば、教えてください」という質問に対して、企業風土や仕組みの違いなどを説明してきました。例外もたくさんありますし、冒頭で示したように、外資系企業、あるいは日系企業というのはかなり大ざっぱなくくり方です。

日本人らしさ、米国人らしさ、フランス人らしさなど、国民的な特徴もありつつ、それぞれの個人は全て「個人」であるように、個々の企業にも全て個別の特徴があります。前述してきた話もあくまで傾向であって、最大公約数的な共通項ではありません。それぞれの組織に典型的な特徴はありますが、必ずしも「優れている・劣っている」という優劣ではなく、違いにすぎないように思います。

質問から一歩踏み込んで、「どこに就職するのが〝マーケターとして仕事をする可能性〟

が高そうか」という問いについては、職種別採用をしている企業が近道です。単純に入社した日からマーケターです。長くそうした仕組みを持っている企業であるなら、若いうちからマーケターを育成する実践的なノウハウを構築していることでしょう。

そうではなくて、「どこに就職するのが〝将来的にいいマーケターとして活躍できる可能性〟が高そうか」という問いであるなら、職種別採用がベストであるとは限りません。1年ごとに獲得できる経験値をなるべく高くできる企業がよさそうです。それは外資系企業かもしれないし、日系企業かもしれません。職種別採用かもしれないし、そうでないかもしれません。

自分が一生懸命に働けそうな会社を選ぶ

ここで経験値について少し考えてみましょう。今までの人生で、どんな経験を積んできましたか。そこで得たのは、どのような領域の経験値でしょう。どの領域であっても情熱を持って一生懸命に活動し、振り返りを通して学びを確立できたときに、最も効果的に経験値を高められたのではないでしょうか。

もしも、これが真理であるなら、「自分が一生懸命に働けそうな会社を選ぶ」というのは1

つの方針になり得るでしょう。創業の理念やパーパス、経営者の人柄、会社の組織文化、先輩たちのカッコ良さ、同僚たちの優秀さ、扱っている製品やサービスへの愛着、給与や報酬制度など、「自分自身が、自発的に一生懸命に働けるために」大事な要素を明確にすることは、外資系企業か日系企業かを選ぶ以上に意義深いと思います。

最近、特に若者の間で就職観が変化してきていると聞きます。仕事の安定と言えば、以前は大企業への就職が代表的でしたが、どのような状況でも仕事を見つけられるスキルの習得が主流になりつつある、という観察です。

1社で勤め上げるのも転職で成功するのも、いずれも素晴らしいキャリアパスです。どちらの場合であっても、年ごとの経験を知識に変え、できることを増やして自身の成長につなげられるのがプロフェッショナルの王道であるように思います。「一生懸命になれる仕事」は、その大前提であることに間違いありません。

36

大学1年生で受けた「マーケティング論」の面白さ

【質問】
マーケティングに興味を持ったきっかけは何ですか？

絶対的普遍の価値はない！ という発見

大学1年生で受けた選択必修科目にマーケティング論がありました。会計学、経営学、統計学、マーケティングの4科目のうち、3科目で単位を取得することが3年生への進級に必要だったと記憶しています。ほとんどの学生と同様、私も4科目を履修していました。いずれも基礎的な内容が分かりやすく解説されていただろうと思われますが、この中で圧倒的に熱中できたのがマーケティングでした。人によっては会計学や統計学に熱中していたので、十人十色を実感しました。

特に刺激的だったのは、「消費者が感じている価値は、製品そのものの性能に立脚しつつも、実はかなり不安定なものだ」というシンプルな事実を理解したときです。それまでは「メーカーはモノを開発し、モノをつくって、モノを売り、消費者はそのモノを買うのだ」と理解していました。この構造の中で、モノの価値は安定していて、誰が使っても同じ価値を提供するだろうと無批判に捉えていたのです。マーケティングを生業としている多くの実務家にとっては自明のことですが、「消費者はモノを通して、モノそのものとは異なる価値を認識しているらしい。つまりモノの価値は消費者に認識されるものであって、絶対的普遍的にモノに宿るものはない」という不安定な事実に面白さを感じました。

新車のオートバイと登録だけされた新古車では、モノ自体は同じですし、消費者が得る体験もほとんど変化しないように思われますが、価格はかなり下がります。ひょっとすると、消費者の気持ちもちょっと異なります。「このギャップは何だろう」と不思議に思いました。消費者が感じる価値と、モノそのものが内包する価値と、金額で表示された価値が一致していないような感覚を覚えます。また、アイドルが髪を切ったりファッションの傾向を変えたりすると、ファンが増えたり減ったりします。たしかに見た目は少し変化するものの、本人に大きな変化はありません。歌もダンスも演技も、髪の長さやファッションで変化するものではなさそうです。とはいえ、ファンが感じている価値は変化しているように見えます。

自身が消費者であるときには、特に不思議に感じることなく過ごしていたのに、改めて観察すると実に不思議なことが起きているように思えました。「これはちゃんと勉強してみよう」と好奇心をかきたてられたのが、学問領域としてのマーケティングに興味を持ったきっかけです。この発見は、いわば機能とベネフィットの違いを認識したにすぎないのですが、当時の私には大発見のように思えていました。

仕事としてのマーケティングを意識した授業

大学2年生になると、「商学特論Ⅱ」という授業がありました。大学院を出たてかと思われる、まだ学生のように若い先生による授業です。開催される教室が毎週あちこちに移動する、ちょっとゲリラ的な印象の授業でした。

抽象的な概念を具体的に理解するためには、想像力と経験値が必要です。その両方がまるで足りていなかった学生にとって、身近な商品の話が例に出ると分かったような気になれます。よく見知っていたり、使ったことのある商品の話が出てきたりすると、その裏話を聞いているようで面白く、身を乗り出して話を聞きました。しかもこの授業で聞いた話は再現しやすく、他の学部の友人に訳知り顔で話すと一緒に面白がってくれたことも、楽しい経験でした。この授業は、仕事としてのマーケティングを強く意識させるものでした。自分でもやってみたい、と感じるきっかけだったかもしれません。

衝撃を受けた「サントリーローヤル」の名CM

最初に勤めた会社はブランドマネジメントで有名な会社でしたが、当時はブランドマネジメントのなんたるかも大して分かっていませんでした。ゼミや下宿の先輩たちも採用試験を受けていたし、友人の多くも受けていたため、私も試験を受けることにしました。部門別採用をしていたほぼ唯一の会社であったことも、試験を受けた大きな理由です。当時の私は、営業を経てからマーケティングに異動を期待するのではなく、すぐにマーケティングをしたい、と考えていました。人見知りが強めだったので、きっと営業は向いていないだろうとの自己分析もありましたし、営業から入ったら、マーケティングにはたどり着けないかもしれないとも思われました。当時、ブランドマネジメントを担当する部門は、ブランドマネジメント部とかマーケティング部という名前ではなく、宣伝本部と呼ばれていました。英語でも、Brand

Management DepartmentやMarketing Departmentではなく、Advertising Departmentでした。マーケティングをやるのだろうけれど、むしろ広告をつくるのだ、という印象が随分と強かったと思います。当時はYouTubeはおろかインターネットも実用化されていない時代です。テレビの影響力がとても強く、気の利いた短尺の動画はテレビの30秒、15秒あるいは60秒広告くらいしかありませんでした。マーケティング予算のほとんどをテレビ広告に投下していた時代でもあり、優秀なクリエイターたちが続々と素晴らしい広告をつくっていました。広告は幕間の寸劇だったのかもしれません。

私が宣伝本部に入りたかった背景には、ある広告への憧れがありました。マーケティングや広告界隈《かいわい》の仲間たちと話していると、人生に影響を与えた広告、といった話題になることがありますが、その中でよく名前が出てくる作品の1つが、サントリーローヤルというウイスキーの、アルチュール・ランボーという詩人を主題にした作品です。当時中学2年生だった私も、大きな影響を受けたうちの1人です。まだ飲酒をするには6年ほど待たねばならず、詩集など1冊も持っていない少年でしたが、テレビの画面にくぎ付けになりました。幻想的な映像、印象的な音楽。一度見ただけで、忘れ得ない衝撃を受けました。

ピカソの絵に『サルタンバンクの家族』という、砂漠を背景にしたサーカス一家を描いた作品があります。CMでは、その絵を思い起こさせるようなサーカス一座が砂漠を巡業し、演目を披露する様子が描かれます。最後にナイフ投げの男が投げたナイフが、種明かしのようにランボーの詩集に突き刺さり、そのナイフでウイスキーの封が開けられるのです。酒を飲むというのは、こうした陶酔を楽しむことなのかと想像しました。すぐに書店に走って詩集を手に入れ、若さゆえの浅はかさと純粋さで、酒を飲まずともランボーに耽溺《たんでき》しました。その広告の続編はバルセロナの建築家、アントニ・ガウディでした。こちらも名作です。スペインという国、バルセロナという都市もこの広告で知ったのではないかしら。

「なんと衝撃的な映像だろう。こんな活動に関われたらどれだけすてきだろう」。このときの体験が、私が宣伝本部を志望する根底にあったように思います。今もマーケティングの仕事をしていますが、遡っていくと大学1年生の選択必修科目のマーケティング論があり、実務の入り口に商学特論Ⅱがあり、さらに奥にはサントリーローヤルのランボーとガウディがいます。

37

実務を通して自らの「進むべき道」を明らかにする

【質問】

春から広告業界に行きますが、私は将来、企業や商品のブランディングやマーケティングに携わる仕事をしたいと考えています。どういう経験をすれば夢に近づけるでしょうか？

マーケティングといっても多種多様

広告業界に進まれるとのことなので、ほとんどの仕事がブランディングやマーケティングに関わるのではないかと思われます。むしろ、広義にはブランディングやマーケティングに関わらない仕事のほうが少ないかもしれません。

例えば、「スポーツに関わる仕事」と言ったときには、スポーツ選手や監督、チームの関係者だけでなく、球場の関係者、興業の関係者、政府の関係者、メディアの関係者、選手のマネジメント、用品やグッズなど関連事業の関係者など、とても多くの領域がありそうです。

ブランディングやマーケティングも同様です。ブランドマネジャーやマーケティングリーダーになるためには、事業会社にいたほうが将来的になれる可能性が高そうです。でも、ブランドの広告をつくったりメディアプランを作成したりしたいなら、広告会社が有利です。販売促進なら広告会社の中でもセールスプロモーションの強いところ、広報活動なら広報会社、パッケージのデザインならデザイン会社、消費者理解なら調査会社など、専門領域は多種多様です。

これからお勤めになる会社での業務や実践を通して、ご自身が考える「ブランディングやマーケティングの仕事」を明確にしていきましょう。実務を通して、進むべき道、進みたい領域が明らかになってくるだろうと思います。

38

「非エリートマーケター」がのし上がっていくためには

【質問】

「元P&Gのトップマーケター」という言葉が取り沙汰されるように、最近マーケティング業界の社歴重視が強くなっている気がします。そのような中で非エリートマーケターがのし上がっていくためには、どうすればよいのでしょうか。キャリアパス、セルフブランディングなど、進んでいくべき道についてアドバイスがあれば教えてください。

経験が独自の強みや個性を育む

一口に「元○○のマーケター」と言っても、それぞれの個人は様々です。どこそこの大学出身とか、MBA（経営学修士）の学位があるといった経歴から、人材の大ざっぱな傾向はつかめても、具体的な能力やスキルを推し量れるわけではないのと同じです。

それぞれの個人は固有の艱難辛苦《かんなんしんく》に立ち向かい、挫折を乗り越え、挑戦を続けます。そうした経験は独自の強みや個性を育み、いずれ活躍すべき場所や状況など得手、不得手などの特徴にもつながるでしょう。こうした経緯は、どこの組織のどのプロフェッショナルでも似たようなものです。特定の会社に所属した事実がことさら重要なわけではありません。

とはいえ、組織によっては成長の速度に多少の違いが認められることがあります。米国企業をはじめ、欧州企業、国内の大企業や中小企業、スタートアップなど、いろいろな規模と種類の組織に関与してきたことで、違いの一端が見えてきました。成長を「昨日できなかったことが明日できる」と理解すれば、経験の蓄積や新しい知識が成長の主成分であると分かります。昨日知らなかったやり方を今日知ることで、明日はきっとできるようになるでしょう。

つまり、経験値を稼ぎやすい組織は、成長しやすい組織であると推察できます。10年目のプロフェッショナルは、本人の3年目時点よりも成長し、貢献も大きいことが期待されます。

それは、7年分の様々な経験を経験値や知識として使え、できることが増えているからです。その7年分の経験や知識を、もし2年間で獲得できるなら、きっとそれは成長しやすい組織です。では、そのために何に気を付ければいいのでしょう。

経験値の稼ぎ方の違い①…共通言語と知識管理《ナレッジマネジメント》の仕組み

成長し、できることが増えるためには「知識」が必要で、知識を生み出すのは「経験」です。経験は、自分自身の直接的な経験だけを指すものではありません。書籍で読み、講演で聞いたことのある誰かの経験は、自分に新しい知識を生み出してくれます。社内の誰かの経験も、応用しやすい知識を生み出してくれるでしょう。紙おむつブランドの失敗から洗剤ブランドが学び、洗剤ブランドの成功から消臭剤ブランドが学べれば、それぞれが1年間で数年分の経験や知識を得ることも可能です。体系化された共通言語と、標準化されたブランドマネジメントの仕組みを持つことで、組織内で経験や知識を融通しやすくなります。

日本の企業へのこうした仕組みの導入でも、メーキャップブランドがスキンケアブランドに学び、スキンケアブランドがヘアケアブランドに学んで、複数ブランドが同時に成長軌道へと回復した例があります。その際には、①次回の成功につなげるための振り返りなどを通して、プロジェクトごとに経験を「収集」し、②得られた経験を一般化し、汎用性を高めた知識として「蓄積」し、③定期的な会議などを通して、経験や知識を「共有」する仕組みや習慣、機会を持つといいでしょう。

経験値の稼ぎ方の違い②…専門性

同じ10年でも、1つの専門領域に基づく10年と、2〜3年ごとのジョブローテーションで3つ4つの領域を経験する10年とでは、得られる経験値も、その稼ぎ方も異なります。前者であれば専門領域の経験や知識を高め、専門性の強化が期待されます。知識が体系化されていれば、同じ経験から得られる知識量も多くなりそうです。ただし、専門外の経験は、意識していないと不足しがちです。その専門領域に向いていればすてきですが、そうでない場合にはいくばくかのリスクがあります。

ジョブローテーションをする後者の場合には、社内各所の人間関係や諸事情に精通し、会社について詳しくなりそうです。社内の様々な問題に対処するのに有利です。確かに社内の多様な領域を経験することで広く適性を探れますが、社外も含めた特定領域で抜きんでることは簡単ではありません。

例えるなら、リトルリーグから高校時代まで、各学校でずっと野球一筋でやってきた高校球児と、小中高一貫校で、3年ごとに部活の種目を変えてきた高校球児の違いがありそうです。正解不正解というよりも、それぞれに強みや弱み、有利不利が異なることが想像できます。

実務を通して効率的にスキルを獲得する方法

実務を通してスキルを獲得する際にも、効率を高める方法があるので紹介しておきます。

直下の部下たちとは、3〜5年後にどうなっていたいか、半年〜1年ごとの面談で話を聞くようにしていました。また、彼ら自身の部下たちとも、同様の面談をするよう勧めていました。じっくり考えてもらいたいので、年末年始や夏休み、ゴールデンウイークの宿題とすることも多かったと思います。

「自分一人でブランドを指揮・管理できるようになりたい」とか「CMOが務まる経験を積みたい」といったスキルや知識が話されることもあれば、「海外でメーキャップブランドを担当したい」とか「マーケティングディレクターに昇進したい」といった、アサインメントやタイトルに関する希望もありました。いずれのパターンも有意義です。

目指すべき未来が決まったら、必要な経験やスキルを一緒に考えてリストを作ります。そのリストを満たすようにプロジェクトを割り振れば、部下たちは自分ゴトとして、士気高く仕事に臨めます。あまり重要そうに見えない仕事でも、特定のキャリアを目指す際に必要なスキルを鍛えられることはよくあります。そうした仕事とスキルのつながりは、自分一人では分からないこともあるでしょう。個々人が目指すキャリアゴールと、現在担当しているプロジェクトから得られるスキルを意義深くつなげるのは、上司の重要な役割でもあります。

スキル獲得に意識すべきことを考える

もし、こうした育成の風土や文化を持たない組織なら、自分一人でやってみましょう。3〜5年後にどのようなキャリアを目指しているか。漠然としたものでも構わないので書き出してみます。そして、その実現にはどのようなスキルが必要で、その獲得にはどのような経験が必要そうかリストにします。

リストができたら、現在担当しているプロジェクトを通して、それらのスキルを獲得するために、意識すべきことなど考えてみましょう。どの会社にも作業のような仕事がたくさんありますが、そうした仕事からさえも経験値を絞り出せれば、アサインメントの質に依存せず、自身の成長を促すことにつなげられます。

例えば、毎週提出しているシェアリポートひとつとっても、①ブランド間のシェア増減の関係を理解する、といった基本的なスキルだけでなく、②各週の変化が月ごとや四半期ごとの結果に与える影響を理解する、③マーケティング活動が消費者の反応に与える仕組みや変数を探る、④リポートを毎週効率よく書くルーティンを確立する、⑤読者に読みやすい文章の書き方を探求する、⑥シェアの動向から半年後の販促プラン立案のヒントを見いだすなど、いくつものスキルを鍛えられそうです。ひと言で腕立て伏せと言っても、やり方次第で多様な筋肉を鍛えられるのに似ています。

出自や出身母体による違いは、どの領域でも常に存在するように思います。そして、それらの違いは有利にも不利にも働きます。自身のキャリアゴールを明確にし、それを達成するためにはどのようなスキルが必要で、そのためにどういった経験をすればよさそうか、意識してみてください。おのずと、なすべきことが見えてくるだろうと思います。

自身のプレゼンスの出し方、情報発信などは社内だけでなく社外に対しても影響を与えられる可能性が広がってきています。SNSやブログの執筆、寄稿、カンファレンスでの登壇や発言など、一昔前には存在しなかった機会がたくさんあります。その是非やノウハウを議論する以前に、そもそも自分が目指す未来や、発信の目的を明確にしておくことで、なすべきことの判断もしやすいだろうと思います。

39 私が思う「カッコいい人」

【質問】

今まで音部さんがお会いになった人の中で、尊敬される方やカッコいいと思う方はどなたでしょうか。どんなところがいいと思われたのでしょうか？

ブランドとして確立されている人

幸運なことに、今までご一緒してきた上司や部下には、とてもカッコいい方々が大勢いらっしゃいました。言うまでもなく、著しく残念な例外も少しはありましたが、ほとんどは学ぶべき憧れる人々ばかりです。それぞれに強みや弱み、カッコよさやみっともなさがありますが、共通していそうなのは、二つ名になりそうな、端的に描写できる特徴を持っていることではないかと思います。

当人が得意なこと、慕われている点、一緒にいたいと思わせる理由、信頼できる状況、協働したくなる動機。あるいは、言いそうなこと、取りそうな態度、選びそうな立場。描写はそれぞれに多様ですが、周囲が同じように見ている、つまりプロフェッショナルとしての一貫性が明確な人は、（もちろんその特徴次第でもありつつ）代わりが利かない唯一無二の人物としてカッコよく見えるのではないかと思います。いわば「ブランドとして確立されている人たち」はカッコいいのだろうと思います。

40 きっと訪れる、マーケターとして「心躍る瞬間」

【質問】

今後も継続してマーケティングの職に就くべきか悩んでいます。音部さんが「マーケターでよかったなあ」と喜びを感じる瞬間は、どのようなタイミングですか？

自身の成長を感じられる瞬間はあるか

マーケティングに限ったことではないですが、自分の専門性を強化することで提供できる価値が高まり、世の中がより良くなることに貢献できるのは、素晴らしいことだと思います。新しい市場を創造したり、既存の市場を再創造したり、弱ったブランドを復活させたり、関与したマーケティング組織が強くなったり、部下が腕利きのマーケターに育ったり、あるいは実践の中で新しいマーケティングのモデルを思いついたり、といった心躍る瞬間は適宜訪れます。

個人的には、「いい○○」、つまり「いい商品」の定義付けを通して、市場創造を計画し、実行し、実現するのはマーケターのとても重要な仕事ですし、大きな喜びにつながると思います。ブランドマネジャーを経験したマーケターにとっては、自分が担当したブランドが自身のキャリアよりも、あるいは人としての寿命よりも長く存在し、世間に愛され続けることを目指すかもしれません。立派な美学だと思います。

市場創造にしても、ブランドマネジメントにしても多様な技術・スキルが必要で、なかなかマスターしきれるものではありません。他の多くの専門分野と同様、どこまでいっても学び、研究すべきことが残っているようですし、新しく発見されることも尽きないでしょう。

常に成長し続けられる環境にあるというのは、挑戦しがいのあることです。それまでできなかったことができるようになる、つまり自身の成長を感じることも満足を感じられる瞬間であると思います。挑戦と成長につながる、いいマーケティングキャリアに恵まれますように！

41

人生の節目に飛躍するための、覚えておきたい3要素

【質問】

7年勤めた会社を辞めて、新しい業界・領域に飛び込んでみようと、業種職種を問わずに転職活動をしています。また、今まで部下を持ったことがないので、次は部下のいる役職を探しています。私生活では近々結婚と引っ越しを考え始めたこともあり、来年あたりはいろいろ忙しくなりそうです。人生の新しいステージに向けて、これから成功するための心構えなど、アドバイスしてください。

3要素で変化を捉え、成功に向けてアプローチ

新しい仕事と責任、生活や暮らしの変化などの冒険や挑戦は、人生の節目を鮮やかに彩ってくれます。いくばくかの不安もありつつ、刺激的です。

こうした節目のマネジメントについて、以前勤めていた会社では経験則が簡潔にまとめられていました。国や地域をまたぐ異動も珍しくない会社でした。同じ会社に勤めていても、知らない人ばかりの土地で、環境が大きく変化するアサインメントは、難度が高いものです。会社としての長年の経験を通し、成功率を高めるための原則がまとめられていました。

その経験則は、①製品カテゴリー、②職位、そして③社会文化環境の3つの要素で示されていました。1つ目の「製品カテゴリー」は、担当するブランドが帰属する製品カテゴリーのことです。今担当しているのと同じ製品カテゴリーであれば、消費者のニーズやインサイト、ブランドのベネフィットや市場のダイナミズムなどが似ていることが多いものです。例えば紙おむつの担当者が異動する先は、洗濯洗剤よりも、紙おむつのほうが今までの経験値を使いやすいでしょう。異動先のメンバーたちとも同じ言葉で話せそうです。この企業では職責の変更、例えばマーケティングを担当していた人が異動先で財務を担当する、といった変化は、想定されていませんでしたが、こうしたジョブローテーションなどがある場合には、

その点も考慮すべきかもしれません。

2つ目の「職位」は、組織内での役割や他の成員との関係を示します。今まで課長で次も課長であれば、組織内の立ち居振る舞いは似たものであると思われます。異動先で初めて本部長になるなら、仕事の質や働き方に未経験のことも多いでしょう。上下左右からのフィードバックを受けにくい、不慣れな環境下では、初めての職責の難度は高くなりがちです。

3つ目の「社会文化環境」は、例えばアジアから西欧への異動は、アジア内にとどまる異動よりも生活や職場の変化が大きいことに配慮しています。アジア内でも変化は少なくありませんが、言語も食生活も文化も異なる場所に比べれば、負荷は管理しやすいでしょう。

経験則が示すのは、これらの3つが全て同時に変化するような異動は、避けるのが吉、というものでした。3つ同時に変化すると成功の可能性が低くなることが多いというだけで、必ず失敗するものではありません。そうしたアサインメントで成功して帰ってくる強者もいますし、変化量の見返りとして大きな経験値を得られるかもしれません。

得意領域や経験値を整理して変化を推測する

この経験則は、異動後の本人の資源量を高く維持するための示唆である、と捉えることもできます。異動による環境変化により、今まで使われずにいた資源を活用できたり、新しい経験値を得られたりといった成長が期待されます。それらは今までにない作用をビジネスにもたらすので、V字回復などのきっかけになるかもしれません。同時に、変化量が大き過ぎると、今まで使えていた資源が使えなくなり、十分に力を発揮できないといった事態が起きるかもしれません。当然のことですが、異動後のプロジェクトに多めの資源を投下できれば成功しやすく、得られる経験値も高まりそうです。

これから臨もうとしている「新しい業界への転職と、未経験の職位と、結婚・引っ越しによる新生活」は、3つ全てを変更するアサインメントに似ている部分があるかもしれません。「いっそ環境を全部変える」というのは、トランプで手札を配り直すように、戦略を組み直す際のアプローチとして使われることもあります。同時に、前述した経験則のように、リスクを管理して成功率を高めるアプローチを志向する考え方もあります。自身の得意領域や経験値を整理し、環境変化によってそれらがどのように変化しそうか推測してみましょう。

新しい環境下でも経験値やスキルをうまく運用でき、新しい経験値を獲得できるなら、高い成功率を期待できそうです。もし不安があれば、新しい業界だけれど職能は同じとか、異なる業界・職能なので同じ職位で入りつつ早めの昇進を期待するなど、変化量をコントロールしてみるのも有意義です。大きな成功をつかまれますように。

42

アイデアの優先順位は、動機と向き合えば見えてくる

【質問】

春からヨガインストラクターとして働きます。将来はヨガや健康を軸としたフリーランス活動や起業を考えています。従来のレッスンだけでは、感染症など不測の事態が起きた際、需要が急減するリスクがありそうです。様々なサービスを考えているのですが、そうしたアイデアへの優先順位の付け方を教えてください。

独立は、目的そのものか

いろいろな選択肢があるときには、どう選べばいいのか悩んだり、迷ったりすることがあ

ります。優先順位の付け方も含めて、「どうしたらいいのか分からなくなった」ときには、目的に立ち返ってみると、きっと判断の基準が明らかになるヒントがあると思います。

フリーランス活動や独立は、自身の夢や目的を達成する手段であって、きっと目的そのものではないと思います。そこで、そもそも何のためにフリーランスや起業を考えているのか、明らかにしてみましょう。起業している先輩などを見て、人生が充実していそうで、羽振りもよくて、とても自由でカッコよく見えたからかもしれません。あるいは、終身雇用にあまり期待できなくなってきているので、自活の道を探ろうということかもしれません。動機が異なれば、優先順位の付け方も異なります。

収入を期待するのであれば、収益性の高いアイデアを考える必要があります。社会に貢献するのであれば、社会への貢献性が高いアイデアが必要です。いずれ、実行可能性や、リスク管理の難度などといった現実的な諸要素によるアイデアの取捨選択も行われることでしょう。それでも、もともとの動機が明確であれば、リスク回避に終始するような事態を防ぐことができます。フリーランスや起業によって実現したい自身の動機を明らかにして、うまく実現されるようがんばってください。

43 懐かしの神戸大学、頭も体も酷使した大学院時代

【質問】

個人的に神戸大学にすごく強い憧れがあります。音部さんはどうして神戸大学の大学院を選ばれたのですか。また、大学院に入るための勉強法も伺いたいです。

筆記試験での苦労

神戸大学は一橋大学、小樽商科大学などと同様に、旧高等商業学校から大学になった学校なので、経営学や商学で有名です。そして、『マーケティングの神話』（日本経済新聞社）という、多くの実務家にも多大な影響を及ぼした書籍を著した、石井淳蔵先生という教授がい

らしたのが神戸大学です。

当時、私は神戸の六甲という地域に住んでいたので、神戸大学は坂道をクルマで10分も登れば行ける距離でした。とてもハイカラな風情があって、神戸の街と神戸港が眼下に広がる素晴らしい眺望の歴史ある校舎もすてきでした。いい先生がいて、眺めのいい近所の大学だったので、入学を決めるのはとても自然な選択でした。

博士後期課程に入学する試験は、今でも同じものかどうか分かりません。私が受けた当時は、マーケティング論や経営学などの学科試験が2つと英語、それに2〜3人の先生方との面接が試験内容だったと記憶しています。筆記試験の解答の記述がとにかく長くて、試験が終わる頃には右手の筋肉が疲れてしまって痺《しび》れ、小指側の机と接する部分がとても痛くて、最後まで書き切るのが大変だったことをよく覚えています。当時でも仕事で文章を書くのはとっくにコンピューターになっていたので、あれほどの量の文字を直筆で書いたのは何年ぶりだか分からないくらい久しぶりのことでした。今でも筆記試験があるなら、たくさんの文字を何時間も書く練習をしておくといいかもしれません。ペンを持つ手の下に敷くために、柔らかいハンカチかハンドタオルを持っていきましょう。

勉強方法については、大学院入試向けの参考書は本屋さんにもありませんでしたから、それぞれの試験科目について、大学生向けの教科書を勉強して試験に臨みました。記述問題なので、自身の意見をアカデミックなフレームワークにのっとって記述できることが大事だろうと思い、理論体系やフレームワークの構造を中心に理解するよう心がけました。果たしてそれが正しい勉強だったのかどうか、全く定かではありません。博士課程に興味を持たれたら、大学院の先生あるいは大学時代の先生などに相談してみましょう。私よりも有益なアドバイスをしてくれると思います。

試験方法は同じか分かりませんが、神戸大学のキャンパスからの眺望は昔のままです。きっと気に入られることと思います。

第3章

戦略の扉

Door of

Strategy

44 誰でもできる、大きな視点から「戦略」を立てるコツ

【質問】

「細かい所から大きい所を考えるのではなく、大きい所から細かい所へ落とし込む考え方を身に付けるように」と注意されます。早く身に付ける方法やコツがあれば、教えてください。

中世ヨーロッパの「3人の職人」の話から分かること

「職人の話」を聞いたことがあります。記憶の中でいくばくかの変質があるかもしれませんが、おおむね次のようなお話です。

中世ヨーロッパのある町の中心にある広場でのこと。大掛かりな建築現場に、1人の旅人が通りかかります。興味を持った旅人は、1人の職人に「何をしているのか」と尋ねます。職人は「見ての通り、石を積んでいるんだよ」と答えました。

「これがおれの仕事だからね、こうしてきれいに磨いて、石材を積み上げるんだ」

旅人はさらに興味を持ち、もう少し行ったところで別の職人に同じ質問をしました。今度は、少し異なる答えが返ってきました。

「大きな石壁を造っているところさ。柱も石造りで、木の壁とは比べものにならないくらい頑丈だ。こいつは、いままで造った中でも特大サイズだ」

みんなで、石壁を造っているようです。

旅人はさらに進み、メインストリートに面して少し開けた場所にいる職人にも、同じ質問をしてみました。またまた違う説明を聞かされました。

「おれたちは、この町の中心になる大聖堂を建てているんだ。子孫の代まで町の繁栄のシンボルになり、人々を救済する立派な大聖堂だ」

最初の「石を積んでいる」という石工にとって、仕事は石を積むことです。これは、「作業の対象」を中心とした見方です。木材を組んだり、地面を掘ったりではなく、石材を積みます。難しい形の石も、異なる種類の石も、石材に加工して積み上げることに習熟しています。

1000年たっても水も漏らさない、見事な接合面を磨き出すかもしれません。

対して、「大きな石壁を造っている」という大工は、石を使って建築物を造ることを仕事だと考えています。「作業の結果」に注意を向けた見方です。大きな壁だけでなく小さな壁や柱も造り、あるいは石材ではなく木材も扱ってきたようです。丈夫で倒れにくい壁や柱を、短い工期と最少の人数で建てる技術を習得してきたかもしれません。

最後に「町の中心になる大聖堂を建てている」と答えた職人は、この現場の棟梁《とうりょう》だったのかもしれません。英国のケン・フォレットという作家のベストセラー小説『大聖堂』(ソフトバンク文庫)を読むと、当時の様子がよく分かります。城が軍事と政治の中心であるとき、大聖堂は社会と経済の中心だったようです。立派な大聖堂があると各地から巡礼者が訪れ、市《いち》が立ち、モノや人が集まってきて町は繁栄します。そうした町の発展のビジョンの下に、大聖堂を建設しているのでしょう。

この寓話から見えてくるのは何か

ここで寓話《ぐうわ》を取り上げたのは、3人のうち誰が偉いとか立派だという意図ではありません。「自分は誰に共感する」といった好みはあっても、いずれも誇り高いプロフェッショナルです。石工には大工の仕事はできないかもしれませんが、大工にも石工の仕事ができるとは限りません。

ではここで、ご質問の「細かい所から大きい所を考えるのではなく」というフィードバックを思い出してみましょう。石材や石壁に注意を向けていた2人を思い出すかもしれません。自分が得意なことから考えるというのは、「資源をうまく使う」という意味では、それぞれの目的を達成するための正しい戦略です。間違ってはいません。同時に、石材や石壁は、必ずしも「大きい所」ではなさそうです。

注意深い読者はお気付きのように、この寓話《ぐうわ》は「細かい所から大きい所を見る」ものではありません。身も蓋もない話ですが、ひとたび細かい所に集中してしまうと、大きい所に視点を移動させるのはとても困難です。手元に実在する「石材や石壁」に集中した意識にとって、町の繁栄のためには人の往来が必要で、巡礼先には巡礼者のための食堂や宿屋ができ、商人たちも訪れるから、町の繁栄には巡礼者が訪れるような大聖堂を建てればいいといった「町の繁栄の概念的な構造」は完全に視界の外です。よほど視点を飛ばす訓練を積んでいないと、石材を積みながら繁栄モデルを想起するのは、ほぼ無理です。

そこで、この寓話から得られる「大きい所」を見るコツは、「まず石を見るな」であるように思われます。

「勝った！」と言える状況を明確にする

では何を見ればいいでしょう。戦略の構成要素は「目的」と「資源」の2つだけですが、ここで必要なのは目的の明確化です。そもそも何がしたかったのか。1年後あるいは3年後に、何が起きていたら「我々は成功した！　困難に打ち勝った！」と言えるのか。新市場の創造？　新ブランドの構築？　衰弱しているブランドの復活？　それとも年率5%の利益成長？　まずは「勝った！」と言える状況を明確にします。

これはリーダーの大事な役割ですから、中期経営計画や、年間計画などに示されているかもしれません。石材や石壁を見る前に、未来の町の姿を見ましょう。

ひとたび「勝った！」状態を把握したら、その目的を再解釈します。10億円の利益、と書かれているところを、10万人の新規ユーザーが1万円使う、などのように単位を変えて、マーケティング活動で達成しやすくします。それぞれの再解釈案が戦略の選択肢です。新規ユーザーでも達成できるし、既存ユーザーで実現する絵も描けるでしょう。

こうして所与の目的をいくつかの方針に再解釈できたら、投入可能な資源が最も大きくなる、つまり「資源優勢」を確立できる選択肢を選びます。これで必然的に、最も効率よく目的達成につながる選択肢が選べます。

45 「戦略を練る」とはこういうことだと教えてくれる良書

【質問】
中堅マーケターが戦略の素養を広げるのに役立つ1冊を教えてください。

ブランドマネジャーに多くのヒントを与えてくれる

中堅マーケターの方に読んでいただきたいのは、『情報なき国家の悲劇　大本営参謀の情報戦記』（堀栄三著、文春文庫）です。よくある太平洋戦争の戦記物かと思っていましたが、参謀将校の極めて鋭利な思考がつまびらかにされている良書です。日本陸軍というとスマートで洗練された海軍に対し、泥臭くて時代遅れの突撃ばかり繰り返していたイメージがありますが、事実はいささか異なることも分かります。

かなりストレートな戦史物なので、好みと趣味が分かれるところですが、競合のブランドマネジャーを相手に、虚々実々のやり取りを日々の仕事としているブランドマネジャーには、考え方のヒントがたくさんあることでしょう。考えるとはこういうことで、戦略を練るとはこういうことだと分かります。

特に情報の取り方については、社内、社外、そして消費者からどのように情報を受け取るか、学ぶべきことがたくさんあることでしょう。例えば前半に、著者の養父で陸軍航空本部長なども務めた陸軍中将の堀丈夫（海軍や陸軍の指揮下ではなく、航空部隊独立の必要を説いた偉才でもある）に聞く次の一節は、現代のマーケターにとっても示唆に富む訓示であると思います。

「情報は結局、相手がなにを考えているか探る仕事だ。だが、そう簡単にお前たちの前に心の中を見せてはくれない。しかし、心は見せないが仕草は見せる。その仕草にも本物と偽物とがある。それらを十分に集めたり点検したりして、これが相手の意中だと判断を下す。相手といっても第一線の指揮官には、自分の正面の敵の指揮官になるし、大本営だったら国家の主権の中枢が相手ということになろう。主権の中枢から直接聞くことができたら一番良いが、それは至難であって、ときには嘘もつかれる。そうなると、いろいろ各場面で現れる仕草を集めて、それを通して判断する以外にはないようだな」（『情報なき国家の悲劇 大本営参謀の情報戦記』より）

仕草とは、軍隊用語で言う「兆候」のことです。マーケティングでは、観察できる消費者の行動や、実行に移された会社の意思決定などがしぐさということになるでしょう。

本書に登場する様々な状況や戦局について、「はじめに」で説明している「目的」と「資源」の2つの視点で読み解いてみてください。敵の動きをよく読んだ戦い方から、米軍に大いに畏怖された堀栄三中佐の洞察と考察を、理解しやすくなるかもしれません。

46 「顧客起点」は社会正義ではない

【質問】

先日、全社的なマーケティング戦略がミドルマネジメント層を中心に作成され、社内に公表されました。顧客データに基づき、「顧客起点のマーケティング」を展開するという趣旨にはマーケティング部員の全員が賛同しています。

しかし、いざ実行というフェーズになると、どのように顧客起点を徹底するのかという認識にバラツキがあり、どこから手を付ければいいのか分かりません。アドバイスを頂けないでしょうか？

顧客起点は社会正義のためではない

常に消費者を意識し続けるのは、意外と難しいものです。〃消費者中心主義〃を唱えている最高経営責任者（ＣＥＯ）でも、実体は〃自分の意見中心主義〃になっていたりすることもあります。普段は「消費者が大事」とうたっていながら、ビジネスが苦境に立たされると、ついつい今月の〃売り上げ中心主義〃になってしまうことは、普通に発生しているように思います。

こうした事態を招く原因の１つに、「消費者中心主義を取るのは、会社の利益を出し続けるために最も効果と効率の高い方法だから」という道理を理解できていないことが挙げられます。

顧客起点や消費者中心というと、どこかＳＤＧｓ（持続可能な開発目標）的な社会正義に準じているような印象を与えるかもしれません。そうした〃善〃的な側面を否定するものではありませんが、本来の成り立ちとは異なります。

繰り返しになりますが、「持続的に利益を出し続けるために、最も効果的で効率的なアプローチが消費者中心主義である」というのが、本義だと思います。

短期視点で見ていないか注意が必要

「今は会社が傾くかもしれない時なんだから、消費者中心とか言っている場合じゃない」といった議論が出てくる場合には、ちょっと注意が必要です。

その見解はロジックが間違っているかもしれません。ビジネスが劣化してきている状況の多くは、消費者が離れているときです。そんなときこそ消費者中心に考えないと、根本的な劣化を止められないでしょう。会社が傾きそうなときに、今日や明日だけの〝付け焼き刃〟で対応しようとしている時点で、傾くことが避けられないかもしれません。

短期を乗り切るためには、一時的に持続的な成長を阻害しても仕方がない、という考え方をする場合があります。行動経済学的にも、人間は長期に対して短期を優先するようです。「長期の投資を一時的に凍結して、短期の施策に使う」、あるいは「長期の商品開発を延期して、既存ブランドのテコ入れに資金と資源を回す」といったことは、賢明な判断となることがあります。同時に、将来の破綻を決定付けてしまうリスクもあります。

短期優先の方針が消費者の不満足やがっかり感をもたらす可能性があるならば、次回以降の購入を控えるといった結果につながるかもしれません。短期優先が消費者の不満足につながらないことは、確認しておいたほうがいいでしょう。

47 フレームワークは「視点」数よりも運用を意識

【質問】

優れたマーケターになるには、マーケティングのフレームワークを数多く学んだほうがいいですか？

人間の認知能力や処理能力には限界がある

フレームワークは「視点」と言い換えられる、と理解してお答えします。拙著『なぜ「戦略」で差がつくのか。』（宣伝会議）の中で、物事への視点が多いと経験当たりの獲得経験値量が増えるので有利、といった話をしています。一般的には、視点は多いに越したことはないでしょう。視点の数だけ消費者理解や市場理解も多面的・多角的に進められるので、効果的で効率的です。

結果として、目的の再解釈や資源の再解釈もよりよく進みます。つまり、戦略の策定にも実行にも好都合ですから勝ちやすくなります。

人間の認知能力や処理能力そのものに限界があることを意識すると、その度合いによっては「有用な視点を少しだけ持ち、それらの運用に習熟する」ことも有効かもしれない、と気付きました。10個の視点から有用な視点を1つ選ぶよりも、有用な2個の視点から1つを選ぶほうが高効率、ということです。

仮に100単位の認知能力（注意力とか思考力と理解してもいいです）があるとき、10の視点を運用すると1視点当たりの深さは10単位ですが、2個の視点に集中すればその深さはそれぞれ5倍の50単位まで深められることになります。10単位の認知能力で分かることと、50単位の認知能力で見えることとは、きっと大きく違うでしょう。

いろいろな種目を少しずつやるより、絞った種目に集中するほうが上達しやすいのに似ていると思います。あらゆる武術を習得しているのはカッコいいですが、現実的には、天才以外には物理的に無理があります。練習や修業に使える時間の総量が限られている、ということが大きく影響します。

「目的」と「資源」の2点に絞ってみる

先述の書籍では、戦略の構成要素を「目的」と「資源」の2点のみに限定しています。「競合」や「市場環境」といった外的要因や、「新商品の開発」や「マネジメントの意向」「過去の経緯」なども戦略に影響を与えることが少なくないですが、こうした諸要素は「目的か資源に影響するときのみ意識する」と解します。

徹底的に「目的と資源」のみに着目し、それ以外の諸要素は「目的と資源」への影響を通してだけ顧みます。あれもこれも意識するのではなく、「目的と資源」に対する洞察に集中します。自身の認知能力も有限ですから、市場や消費者の観察も、過去や現状の分析も、この2つの視点から把握するよう徹底します。その結果、観察し、思考する際にいろいろな視点に惑わされず雑音が減るので、より深い洞察や結論に到達できることがあります。

実際、この戦略定義を実装した複数の企業において、以前よりも洞察に富んだ分析や、斬新な切り口の提案がなされるのを経験してきました。道具としての視点を限定し、限られた時間の中でその運用に熟達することで、有限の認知能力から得られるアウトプットの質も量も大きくなる、ということのようです。

日々の仕事や修練の中で、汎用性の高そうな「視点」を見つけたときには、それらの使い方に熟達することでアウトプット、ひいては自身の成長を促進できると思います。武芸などで使われる「守破離」という概念があります。これは、まず型を「守」り、型を身に付ける。そうして型を習得しつつ、多様な流派などからも吸収を続け、実戦経験を経ることで既存の型を「破」ることができるようになる。さらに修練を続けることで基本の型から「離」れ、自在になることを表しています。

これに倣うと、「守」るべき型として少しの視点（≒フレームワーク）を獲得し、まずは習熟するのが、プロフェッショナルの初めの段階においては特に大事かもしれません。いずれ処理能力の拡大に従って、扱える視点（≒フレームワーク）を増やしていきましょう。

48

「フレームワーク化」は特殊能力ではない

【質問】

音部さんが提唱される「パーセプションフロー・モデル」を、自社のマーケティング活動を設計する際に使用させていただいています。音部さんは、こうしたマーケティング活動のフレームワーク（枠組み）化にたけているように思います。どうしたら、そのような力が身に付きますか？

ブランドは人の寿命よりも長く生きられる

フレームワーク化するには、再現性を意識して、物事を概念化して、仕組み化（プロセス化）することを心がけています。ブランドの持続的成長を実現するためには、属人性への過度な依存を下げることが肝要だと考えます。

属人性を下げておく理由は、ブランドが人の寿命よりも長く生きられる可能性があるからです。うまく扱えば100年を超えて世の役に立つことができます。そういったブランドを育てるためには、一人のマーケターの感性やコツのみに依存し続けるべきではありません。

新しい方法の発見などは個々のマーケターの天才性に依存せざるを得ませんが、全てのマーケティング活動を毎回一から学び直す必要はないと思います。持続的・長期的にブランドが成長する仕組み（プロセス）を確立できれば、マーケターはより創造的な仕事に従事できるでしょう。それぞれの個性や能力は、今までのブランドチームやマーケターが知り得なかったことを、新たに発見することに使うべきだと思います。

「概念化」は現象よりも構造を意識する

そうした仕組みをつくるためには、世界を観察する際にどの部分を抽出し、概念化して汎用性を高められるか、あるいはどの部分が捨象できるものか、見極める必要があります。難しそうに聞こえるかもしれませんが、この能力は特殊なものではありません。

例えば自動車は動力、ボディー、操作系、駆動系などに分かれていますが、ほぼどの自動車でも同じ構成です。それがエンジンであれ、モーターであれ、人力であれ、動力を持たない自動車はありません。ボディーも、操作系も、駆動系も同様です。自動車の構成要素をこのように考えることは、汎用性の高い概念化だと言えます。抽象化という思考プロセスを経ることで、概念として自動車を構成する要素が理解できます。

それに対して、特定のエンジンの形式やボディーカラー、ホイールの形などは実車を目の前にすればすぐに目に付くものですが、概念化する際には捨象されることも多いかもしれません。

消費者の認識や感情の動き方など、普遍性の高い要素に注目し、現象よりも構造を意識することは概念化の練習になると思います。こういったスキルが強くなると、その副産物として物事を例える「比喩の能力」も高くなります。概念化することで、物事同士の本質的な類似性を見いだしやすくなるからです。

49 あなたのフレームワークは時代遅れになっていないか？

【質問】
マーケターとして、毎日ルーティンでしていることはありますか？

フレームワークの検証力が大事になる

今までのキャリアの中で、誰しもが自分の物の見方やフレームワークをつくっていると思います。私は日常的に記事や書籍を読んだり、仕事に取り組んだりするとき、この自分自身のフレームワークできちんと説明しきれるか、あるいはフレームワークが時代遅れになっていないか、改良の余地はないか、検証するようにしています。

具体的に言えば、「目的」と「資源」だけで戦略が説明できない例はないか、「属性の順位転換」が起きていないのに市場のシェアが入れ替わっていないか、あるいはガンダムのように「2次創作による自分ゴト化が、ブランドの鍵ではないか」という仮説（第5章－88：「積年の課題、『機動戦士ガンダム』を愛する理由に挑む」参照）の正当性などです。もし例外が見つかったときはフレームワークを改良し、より強く高めることができます。

こうしてフレームワークが洗練されていきます。いずれ、こうした日々の検証に生き残ったものを書籍などで公開していきます。

世の中の仕組みを抽象的に理解してフレームワークをつくっておくと、使いやすいマーケティングの道具が増えていきます。自分の戦い方のマニュアルとしても、少しずつフレームワークを蓄えておくといいかもしれません。

もし、私が紹介しているフレームワークでおかしな点を見つけたり、不合理が発生していたりしたら、ぜひ教えてください。今後の修正や発展の大事な機会にしたいと思っています。

50 戦略を決めたら、徹底的に執着すべき理由

【質問】

「顧客起点」や「消費者中心」というマーケティングの考え方を、実効性を伴う形で組織に根付かせる方法を教えてください。

「パーセプションフロー・モデル」をつくる

顧客起点のマーケティングとその本義について、前項で「持続的に利益を出し続けるために、最も効果的で効率的なアプローチが消費者中心主義である」と説明しました。消費者中心主義が持続的成長の基礎だと理解できたら、次にすべきことは「仕組み化」です。最も端

的で効果的な手立ての1つは、「パーセプションフロー・モデル」をつくることです。

パーセプションフロー・モデルとは、商品開発や店頭、価格、など4P（Product：製品、Price：価格、Place：流通、Promotion：販売促進）要素を含む全マーケティング活動全体の設計図です。消費者のパーセプション（認識）と、彼らが受容する知覚刺激（メッセージやブランド体験）を中心に描かれます。意思決定やマーケティング活動の立案・実行の中心にパーセプションフロー・モデルを置いてしまえば、常に消費者を中心に考えざるを得ません。つまり、組織の中で仕組み化できます。

そして、パーセプションフロー・モデルに書かれていないことはやらない、という覚悟が必要です。文章に書くと厳しく聞こえますが、これはパーセプションフロー・モデルに限ったことではありません。ひとたび戦略に合意したら、徹底的に戦略に執着すべきです。さもないと、戦略がただの言葉遊びや飾りになってしまいます。

状況が変わるごとに方針を変更することを、臨機応変に立ち回っていると勘違いすることがあります。しかしそれは、その場その場の雰囲気に右往左往しているにすぎないかもしれません。忙しく資源を浪費しているだけで、目的の達成に近づいているわけではないこともよくあります。

戦略を変えるのは環境や状況が変化したときではなく、それらの影響で自身の「目的」もしくは「資源」に大きな変化が生じる場合だけで大丈夫です。それ以外の状況では、合意した戦略に執着しましょう。同時に、そうした執着に足る、根拠のはっきりした戦略を掲げるべきだと思います。

選択肢を減らす不安にどう立ち向かうのか

このような話をすると、「過去に決めた戦略に執着することで、未来の可能性を狭めていないか？」という質問を受けることがあります。一見、理知的な質問のように聞こえますが、野放図に可能性を広げても混沌と資源の浪費を招く結果になりがちです。可能性の名の下に思い付きの余地を放置しておくことと、目的達成の可能性を高めることは本質的に異なります。目的を達成できるか否か、勝てるか否かは、つまるところ目的に対する投入可能な資源の総量に依存します。選択肢を絞ることで、資源が無駄に使われる可能性を大きく減らせます。

とはいえ、選択肢を減らす決断には本能的な不安がつきものです。

この本能的な不安に対しては、合理的な理性の力と知識が役に立ちます。選択肢を残せば残すほど、本能的な安心感とは裏腹に、1つの選択肢に投入可能な資源が減ります。選択肢を4本残す場合、選択肢当たりに使える資源量は、選択肢を2本に絞った場合の半分しかありません。資源が減るということは、すなわち成功の確率を下げるのと同義です。もしもその選択肢が正解の選択肢であったとしても、資源量が足りなくて閾値《いきち》を超えられなくては本末転倒です。

「可能性を狭めていないか？」という質問は、「理性の判断が本能の不安に負けそうだ」というサインです。不安がる本能を安心させるために、調査やデータで方針を補強しつつ、対応していきましょう。

もちろん、相応の資源量を確保しているのであれば、それなりに選択肢を維持できます。これは資源の総量が多いことの利点でもあるでしょう。

ロイヤルユーザーを重視するメリット

そして、「顧客」と言ったときに誰を見るのか、というのも重要です。規模の大きいところや小さいところ、国内や国外の様々な企業に勤務したり、協働したりしてきましたが、ビジネスの成長を考える際に「新規顧客の取り込み」という方針は、マネジメントにも担当者にも魅力的に響きます。活動は派手だし、ユーザー数が増えるので成長している実感を得やすいものです。現状を脱して、新しいステージにいけそうな感じもします。

とはいえ、現在の売り上げの100%はユーザーに、利益の大多数はロイヤルユーザーに依存していることを忘れてはなりません。そして、彼らから学べることはとてもたくさんあります。

新規顧客の拡大にしても、今のロイヤルユーザーと似た人たちに試してもらうことが効果的で効率的です。ひょっとすると、彼らはそうした知識を与えてくれるだけでなく、推奨などの活動においても我々を助けてくれるかもしれません。

可能であれば、ロイヤルユーザーとコンタクトを取れる仕組みをつくってください。ブランドのヘルスチェック（健康診断）をしたり、将来の方向を占うのに役立ったりすることが多いでしょう。

51 データは人間味がないのではなく、人間を表している

【質問】

データなどに基づいて意思決定すると、何か大事な本質を忘れているのではないかと思うことがあります。データとの共存の仕方を悩んでいますが、音部さんはどう思われますか？

まず見るべきは、変化量と影響力が大きいデータ

データというものが、あたかも人間の営みから独立した状態で存在するように認識されることがあります。これがマーケティング領域のデジタルトランスフォーメーション（DX）を

含む、日本のＤＸを混乱させている要素の１つかもしれません。データというと、どこか人間味がないような印象を持つかもしれませんが、マーケティングで使われるデータの多くは、なんということもなく、実は人間を数値化したものです。

人間の行動とか、人間の思っていることとか、人間の振る舞いを数値化したものがデータなので、データをちゃんと見れば事物の本質を見誤ることはありません。ただ、データの量が膨大になってくると、見るべきデータの判断を誤る可能性が高くなることがあります。例えば、体重計しかなければ、その人が大きいか小さいかを測るために体重の数値だけを見て済ませます。それが、体重はおろか、全ての指の直径まで数値として計測できると、さて何を見ればいいのか分からないなんてことになる。揚げ句、人の大きさを親指の直径で判断しましょう、などといったようなことが出てきたりします。

現実的に親指の直径で体の大きさを推察するなんてことは、体という具体的な全体像が見えていれば、まずありえません。でありながら、全てのディテールが数値だけで示されてしまうと、果たしてどの指標を見たらいいのか分からんぞ、などということが起きかねません。これはまさに、「本質を忘れているのではないか」ということでしょう。

大量のデータで何を見るべきか分からなくなりそうなときには、まずは最も影響力の大きなデータ、あるいは変化量の大きいデータを見てみましょう。体の大きさの例で言えば、多分、親指の直径よりは体重とか身長のほうが個体別に大きく変化していると思います。データ自体は人間味を持ちませんが、データは人間を表しているのだと捉えると、データとの接し方も変化しそうです。

52 ブランドマネジメントに関わるＳＤＧｓ

【質問】

近年、企業活動を行うに当たりＳＤＧｓ（持続可能な開発目標）などの社会課題の解決が求められる風潮にあり、今後はＣＳＲ（企業の社会的責任）やＣＳＶ（共通価値の創造）を行っていくことが必須の世の中になっていくように思われます。社会課題の解決と企業の利益を上げることの両立は簡単ではないように感じますが、実際にマーケティング戦略を考える上で変化はありましたか？

ＳＤＧｓを考えることは、ブランドの存在理由を考えること

外務省のＷｅｂサイトによると、「持続可能な開発目標（ＳＤＧｓ：Sustainable Development Goals）とは、２００１年に策定されたミレニアム開発目標（ＭＤＧｓ）の後継として、２０１５年９月の国連サミットで加盟国の全会一致で採択された『持続可能な開発のための２０３０アジェンダ』に記載された、２０３０年までに持続可能でよりよい世界を目指す国際目標です」とあります。いろいろな解釈がありそうですが１つの考え方として、「国連が全会一致で合意した大義である」とも理解できます。

宗教や民族、国家の歴史や政治体制などの立場によって大義や正義は異なるので、衝突することもあります。経済発展と環境保全のように、両立が難しくトレードオフが発生することもあるでしょう。正義の反対にあるのは悪ではなく、別の正義だ、といった考え方もあります。同じ活動でも、立場によって善悪の見え方が異なるのは世の常です。そうした困難な世の中において、様々な立場を超えて全人類が合意できる大義が、国連によるＳＤＧｓであると解釈できます。そして、人類が希求すべき大義の実現に貢献するブランドは、立派で親しむべきブランドである、という連想を獲得できそうです。消費者の選好に影響しても不思議ではありません。

「ＳＤＧｓをアピールしなければならない時代」というよりも、「立場を超えて賛同すべき17種類の大義が明示されている時代」であるように思います。機能やベネフィットを通して、自分たちのブランドが人類に貢献することを示しやすくなったのです。ＳＤＧｓがブランドのＣＳＲ活動やプロモーション施策に帰結することもありますが、本来は流行に合わせたうわべの活動ではなく、ブランドの大義、つまり存在理由に関わるものです。こうした大義は、ブランドマネジメントでは「パーパス」などと呼ばれることもあります。

ブランドの意味をマネジメントするとき、消費者の日々の暮らしへのベネフィットに加えて、人類の大義への貢献を言及することが有意義であるなら、意識されるといいでしょう。

ちなみに、社会課題の解決と利益の創出は相反するのではないか、と直感的に想像される方もいらっしゃいます。１回限りの売り買いであればそうかもしれませんが、企業の持続的な存続や成長を考えたとき、社会課題の解決に貢献せずに利益だけ出し続けるのは、むしろ至難の業です。持続的に世の中の役に立ち、人々の暮らしや人生に貢献できるから、企業組織も繁栄できるのだと思います。

53 ブランドに必要な「パーパス」を明示するための勘所

【質問】

「ブランドパーパス」が重要だという話をよく聞きますが、それはあらゆる商品やサービスにとって必要なのでしょうか？

パーパスとベネフィットはどう違う？

「パーパス」という概念は「存在意義」と呼んでもいいですし、私は「大義」と訳したりしていますが、「そのブランドが存在することで、世の中にどのような良いことがあるのか」を規定したものです。マーケティングの「ベネフィット」という概念と似ているという印象を持たれることがありますが、ベネフィットは「ブランドを通して消費者がどんな良い体験をできるか」であるのに対して、パーパスはもう少し範囲が広がり、社会全体がどのように良くなるべきかを示しつつ、自分たちがそこに存在する意義を表します。

今回の質問は、その「パーパス・ステートメント（大義、存在意義を表明した文章）」をブランドが持ったほうがいいのか、あるいは持たなくても存在し得るのか、という質問ですね。「状況による」という考え方もあるかもしれませんが、存在意義が曖昧なブランドというのは長期に存立しにくいように思います。「ブランドマーケターの矜持《きょうじ》」にも深く関わるので、持っているべきだろうと思っています。

その矜持あるいは美学は、ブランドを担当するマーケターである以上、「自分が死ぬときにも手がけていたブランドが元気に存在し、みんなに愛されていること」というものです。ブランドは意味、つまり概念の存在なので本来は寿命がありません。うまく扱えば、人よりも長く生きられます。

ブランドに長生きしてもらうためには、利益を出し続けなければいけませんし、きちんとしたマーケティング活動や商品群を提供していかなければなりません。その際、社会に「あってもなくても、どっちでもいいブランド」は、まず生き残れません。世の中の役に立つ存在になり、使ってくれている人はもちろん、そうでない人にとっても必要であることが大事なように思います。

パーパスは、どう規定するのか

では、ブランドパーパスはどうすれば規定できるのでしょうか。それには、そのブランドの歴史をひもとくという分かりやすい方法があるのですが、新しく生まれたばかりのブランドは、まだ価値が安定していないので考えづらいですよね。

「そのブランドが日本あるいは世界の過半数の世帯で、毎月（あるいは毎日）使われているような状況ができるとしたら、世の中にはどのような良いことが起きているはずなのか」という思考実験をすることで、大きく外さないパーパスをつくることができるでしょう。いろいろな部門の関係者などを集めて、議論してみてください。将来的に、なくてはならないブランドになるための道筋が見えてくるかもしれません。

一方で、パーパスを推進するためだけのコミュニケーション施策は、個人的には最適ではないだろうと考えています。投下した予算を回収できる仕組みをつくっておかないと、ブランドの長期の存続に必要な活動でありながら、長期に持続しにくいというジレンマに陥ってしまいます。パーパスは余興ではなく存在意義なので、景気や好不調の波に左右されるのはよろしくありません。投下した予算を回収できる施策でありつつ、パーパスにのっとったブランド体験の提供になっていると、持続的に活動できます。

ブランドはパーパスを持っていたほうが存続しやすく、マーケターの矜持や美学にも適合します。そして、そのブランドパーパスとの一貫性は、あらゆるブランドが、あらゆる活動で意識すべきことだろうと思います。

54 ブランドマネジメントの文化は、善悪の判断基準の導入

【質問】

ブランドマネジメントやマーケティングマネジメントの文化を導入する際、「利益を出す」以外に、組織に認識させておいたほうがいい課題は、何がありますか？

そもそも文化とは何か

「ブランドマネジメントという文化」の導入についての質問を頂きました。単なるブランドマネジメント制の導入についてよりも、一歩踏み込んだ回答をすべきだろうと思います。「文化」というのはとても大きな言葉ですから、まずはこの「文化」について個人的な解釈を示

しておきたいと思います。

手元の資料をながめると、文化とは「振る舞いを促す行動規範」と解釈できそうです。私がブランドマネジメント制を導入する際に文化として意識しているのは、何を「善し」とし、何を「悪《あ》し」とするかを決めておくことです。人々の社会生活の規範を法によらずに示すという意味では、組織文化は善悪判断の根拠になる「道徳」に近いかもしれません。

であるならば、「ブランドマネジメントの文化」とは、すなわち「ブランドマネジメントを実現するのにふさわしい善悪の判断基準」を導入することと理解して議論を進めましょう。

細胞の一つ一つが入れ替わっても、1人の人間が同一性を維持できるように、メンバーの一人ひとりが入れ替わっても組織の同一性を維持するためには、ヒトの体のDNAのように機能する仕組みが必要です。文化は、その仕組みの1つでしょう。

まずは、利益責任を持つ

よく言われることですが、「利益責任を持つ」のは、ブランドマネジメントの文化を確立する際にはとても大事です。「責任を持つ」というプロフェッショナリズムの原点を明確にすることに加えて、成功したかどうか端的に分かるという意味でも重要です。

よしんば売り上げが残念なことになっていても、費用を管理することで利益だけは守るという自由度が担保されます。これは「オートノミー（自律性）」を促すのに好適で、利益責任を持つことが「自分で何とかできる気概と能力」を持たせることにつながります。

同時にオートノミーを確立しておくことは、行動心理学でも説明されるように、幸福感につながる重要な要素でもあります。

気概と能力という2つの概念が出てきたので、もう少し議論を進めましょう。

気概について「理念の共有」

一生懸命に戦っただけで勝ったチームはありませんが、一生懸命に戦わずして勝ったチームもありません。とはいえ、一生懸命にやるというのは意外と大変です。人間、ついつい手を抜きます。必ずしも手を抜こうと思って抜いているわけではないのも、辛いところです。

我々のように、ひ弱な一般人でも「一緒にがんばるのだ」という意識を仲間と共有していると、不思議と手を抜けずにがんばれることがあります。仲間意識を共有するのは、一生懸命やるというふるまいを担保するのにとても有効だと思われます。

そのための古典的な方法の1つは、同じ釜の飯を食う、すなわち長時間一緒にいるというものです。仲間意識が自然に発酵するのを待つ、辛抱強いオーガニックな手法です。古い日本の組織の会議時間がやたらと長い傾向にあったのは、こうした自然発酵を促す装置の役割があったからかもしれません。現代的な環境下では生産性の低さの象徴のように扱われますが、高度経済成長期の終身雇用体制下では、役割と機能があったのではないでしょうか。

もう少し現代的な方法は「理念の共有」です。そもそもチームとして、あるいは個人として成功することを希求したいものです。何となく安定の日々を過ごすのではなく、規模の大小にかかわらず、成功を定義して達成を目指したいと思います。

基本的なことですが、意外と忘れられがちなので、まずは成功した状態を目的として明示しましょう。次いで、マーケティング部門のビジョンやパーパス、つまり大義や存在意義を示しましょう。併せて、ミッションやバリューなど役割や行動規範を明示するのもいいアイデアです。理念を共有できれば、一緒にがんばりやすくなります。同じ釜の飯を食うように長い会議に出なくても大丈夫です。ブランドマネジメントの部門全員で心底共感し、共有できる理念をつくり、浸透させましょう。この理念が、善悪判断の基準として使えます。

理念の実現に資するのであれば「善」、そうでなければ「要改良」です。これで、目的と理念に基づく団結を期待できます。とはいえ、教条主義的・原理主義的にならないよう注意が必要です。原理主義的な正義では、律することが目的化してしまうこともありそうです。

55

失敗を他人のせいにする人のカッコ悪いで済まない問題

【質問】

「善悪の判断基準の導入」が、ブランドマネジメントやマーケティングマネジメントの文化を組織に導入することに通じることは分かりました。他にも何か大切なことはありませんか？

「他責にしない」のも重要な気概

他人のせいにしないのも、著しく重要な文化です。倫理的に良くないとか、大人としてカッコ悪いということに加えて、現実的な理由もあります。失敗を他人のせいにしていると、成功を自分で管理できなくなってしまうのです。

理不尽なものも含め、失敗を全面的に自分のせいにできれば、成功も自分で管理することが可能になります。他人のせいにしていると、失敗の責め苦を軽くできる代わりに、成功が運や人任せになってしまいます。プロフェッショナルとして、いささか心もとないことでしょう。

この気概を持つときにありがちなのは、「他責をやめるために、全部自分で決めなければいけない」という勘違いです。「全部おれが背負うんだ」というのは、ヒーローとしてはカッコイイですが、現実的ではないのでむしろ迷惑です。

結果、簡単にマイクロマネジメントに陥り、オペレーションが破綻していきます。どれだけ責任感が強くても、1日は24時間しかなく、認知能力には（自分が考えるよりも低い）限界があり、睡眠時間がゼロでは機能喪失していきます。

この勘違いは、職位を高めるにつれ致命的な問題になっていくかもしれません。「目的と戦略」による権限委譲と、「プロセス」による責任管理を確立することが重要です。

能力について「知識を尊重する文化」

プロフェッショナルとしての能力向上や成長は、直接のあるいは間接的な経験による「知識の獲得」によってなされます。ここでいう「知識」は書籍などから得られる静的な知識だけではありません。自分や組織の経験を通して得られた経験値や、人間関係の把握なども含みます。知識を獲得するとは、すなわち「やり方が分かること」です。

プロジェクトごとに、自分やチームは何を学んだのかについて明示できる組織は成長が早いでしょう。やりっぱなしで、すぐに次のアクションを起こすという組織は忙しくて充実した気分になれますが、成長の機会を逃しています。

15年目と10年目を比較したとき、必ずしも15年目が優秀とは限りません。優秀さを示すのに、年数が第一の変数ではないということです。年功序列を排斥する論理がこれです。

とはいえ、同じ人の15年目は、10年目よりも強力でありたいと思います。体力は相応に衰えていたとしても、経験値や知識は強化されているべきです。マーケティングのような知的生産の分野において、5年前の自分より劣化しているべきではありません。能力や成長はほとんど知識の増加（=学び）と同義だと理解し、そうした知識や学びを尊ぶことのできる文化を育むことは、個々のプロフェッショナルの育成にも、組織の構築にも極めて重要です。

ちなみに、知識とは独立した要素だと思われがちな「やる気や根性」も、かなりのレベルまで知識によって管理可能です。「このままいけば目標を達成できる、あと少しがんばれ」とか「みんなが応援してくれているぞ、がんばろう」と思えば士気も上がります。この「このままいけば目標を達成できる」とか「みんなが応援してくれている」というのも、広い意味では知識です。

少しだけ、美学について

それから「ブランドの長命を尊ぶこと」を、ブランディングプロフェッショナルの矜持《きょうじ》として大事にしたいと思います。

自分が引退し、いずれ天寿をまっとうするときにも、自身が手がけたブランドが元気に、社会で愛されているというのは、きっとすてきな気分でしょう。

ブランドマネジメント文化の導入…まとめ

ブランドマネジメント文化の導入に際しては、ブランドマーケターとしての行動規範、つまり善悪判断の基準を明確にできると心強いです。

そのために、次の3つのことが考えられます。

①成功した様子を目的として明確にする

②部門として何を目指すのか、ビジョンやパーパスをつくり浸透させる

③目的と戦略によって健全な権限委譲できるよう仕組み化する

また、考え方としては、

④失敗を自分のせいにできれば、成功も自分で管理できる

⑤知識や学びを大事にする

⑥ブランドの長命を尊ぶ

あたりは業界を問わず、普遍的に重要であると思います。

56

コロナ禍のマーケティング、変化するものとしないもの

【質問】

新型コロナウイルスの感染拡大によって経済全般に大きな影響が出ています。今回の騒動を経て、マーケティングはどう変わると考えていますか。または、変わりませんか？

自然発生的に「属性の重要度」の遷移が起きる

市場の創造や再創造をする、つまり「いい洗剤」や「いい自動車」などのように、「いい商品」を新たに提案し変えていくという、マーケティングの本質は変わらないでしょう。そし

て、「いい商品」の新しい提案は、属性（自動車であれば、「スタイルが流麗」や「燃費がいい」といった諸属性が考えられます）の重要度の変化を通してもたらされます。

平時では、この属性の重要度の遷移のほとんどはマーケターが提案し、消費者が了承するというプロセスを経てなされます。これがマーケティング部門やその機能が、市場創造を担うことにつながっていて、消費者理解をする意義でもあります。この場合、マーケターが一方的に主張しても、消費者が受け入れなければ新たな市場は創造されません。

ところが感染症の流行や震災、恐慌といった非常時、つまり外的環境の劇的な変化が起きると、マーケターの提案も消費者の了承もなく、自然発生的かつ強制的に属性の重要度が変化することがあります。「移動規制がかかる」や「イベントが休止になる」などの物理的な制限による直接的な損害に加えて、「いい商品」の定義の変化がビジネスに思わぬダメージを与えたり、想定外の成長につながったりしているかもしれません。

例えば、画面越しの会話や、機械に指で触れずに音声でコントロールするなど「人との直接的・間接的な接触を避けられる」という体験を提供できれば、「いい商品」を定義し直す新しい属性として確立されそうです。抗菌・抗ウイルスも、多様な領域で普遍的に重要な属性になるでしょう。免疫を強くするといった属性も可能性が高そうです。

最初のうちは、こうした新しい属性は差別化の要因になるかもしれませんが、普及すると衛生要因（ないと困るけど、あっても特別にプラスではない要素）になっていくと思われます。

マーケティングを「料理の方法」として例えると

ブランディングの根本的な考え方自体は、コロナ禍などの影響下でも大きく変わることがないように思います。ブランドの「意味」を構築することは、「いい商品」を定義するマーケティングと同様、人間の認識の仕方など変化しにくい部分に立脚する活動だからです。

同時に、消費者が置かれた環境や、社会の状況といった、具体的なニーズやベネフィットに大きな影響を与える諸要素は激しく変化しそうです。また、そうしたベネフィットを提供する手段として製品や流通、コミュニケーションのあり方、あるいは価格の考え方なども今まで以上の速さで変化していくかもしれません。

こうした不易と流行を捉えるに当たって、マーケティングやブランディングのやり方を「料理の方法」、具体的なニーズやベネフィット、活動や手法などを「食材と時代ごとの献立の傾向」に例えることができるかもしれません。時代を経ても、調理の基本は本質的には大きく変わりません。それでも、10年前はスーパーで売っていなかった食材が普通に買えるようになり、新しい種類の調理器具が開発される、といった変化はやむことなく続いていくでしょう。

「非接触性」が重要属性に

外的環境が激しく変化する際にも、マーケティングの変化しない普遍的な部分と、時代とともに変化し、流動する部分を正しく認識できれば、体幹が安定して臨機応変に機敏に対応しやすくなると思います。

これから起きる最大の変化には、デジタルが持つ従来の「計測可能性」という側面に加え、「非接触性」という重要属性の実現が含まれるかもしれません。

デジタル技術によって消費者の活動や反応を子細に計測し、膨大な量を分析し、コミュニケーションや施策といった知覚刺激の質と量を最適化するのが、データに基づくマーケティング手法の洗練の1つでした。今後、そうして得られた知見を通して、非接触のサービスやプロダクト提供手段の充実が進んでいくかもしれません。ビデオ会議などのオンライン化はその分かりやすい発現ですし、Eコマースや D2C（ダイレクト・ツー・コンシューマー）も似た作用を持っているでしょう。

元来、人間は人と人の間に在る社会的な存在ですから、他者との接点を喪失することは本能的に忌避したいはずです。「非接触」と「多様な接点の維持」を同時に可能にするものは、着目する価値があるように思います。

57

他社のマーケティング分析に役立つ「2つの質問」

【質問】

街中で広告や商品パッケージを見た時に「なぜこんなデザインにしたのだろう」というように「なぜ?」という疑問は浮かぶのですが、そこから自分なりの仮説を立てられるまで思考が及びません。納得のいく仮説を立てるにはどうすればよいのでしょうか?

我々は何を練習したらいいのか

スポーツ選手も音楽家も将棋の棋士も、試合や演奏会がない日に彼らは練習しています。新しい技術やスキルの獲得は、試合本番で身に付ける、というプロフェッショナルはあまりいなさそうです。マーケティングのプロフェッショナルも、仕事本番のプランニングや実行で高いパフォーマンスを発揮するために、練習をすべきものかもしれません。名の知られたマーケティングプロフェッショナルやビジネスプロフェッショナルも、スポーツや音楽やゲームのプロフェッショナルたちと同様、なにがしか練習を重ねているように思います。

では、我々は何を練習したらいいでしょう。練習の1つとして、日常生活で目にするマーケティング活動やブランド体験を観察し分析することは、経験値を稼ぐのに役立つかもしれません。学んできたマーケティングの公理や定理、自身で見いだした考え方などに照らして、それらを評価してみましょう。

こうした練習では、いい点よりも、良くない点が目に付くものです。色やデザイン、タレントやキャッチコピー、広告のストーリー、新商品のブランド名、ベネフィットやターゲットの設定など、いろいろな点が不十分に見えるかもしれません。一流の映画監督がつくった映画でさえ、細かく見ていけばもっとよくできそうな箇所が見つかることがあります。様々な背景事情や練度で実行されるマーケティング活動であれば、なおさらです。

また、外部者には本来の目的や資源が知らされることはない、という点も忘れるべきではありません。トライアルの活動とリピートの活動は、そのアプローチが大きく異なるでしょう。自ブランドのユーザーを増やす施策と、競合の新製品導入に対応するプランは同じ基準で評価できるものではありません。活動の意図を理解しない批判者は、表層的な事象の印象を捉えることに終始しかねません。そこで、より深く考えるためのヒントをお話ししておきたいと思います。

目的と資源を推察する2つの問い

競合の製品を分解し、構造などを分析しながら製造方法や設計などをたどっていく調査は、リバースエンジニアリングなどと呼ばれます。「何かをつくり出す」エンジニアリングではなく、「何かがつくり出された過程を明らかにする」エンジニアリングです。物理的に分解可能な製品だけでなく、マーケティング活動もリバースエンジニアリングすることができます。他社のマーケティングを観察する際に、次の2つの質問を自身に問うてみましょう。

1つ目の質問は、現象から目的を推察する質問です。すなわち、「観察している活動が、最強のマーケターが考えた最高の正解であると仮定したとき、この活動が達成しようとしている目的は何か」と問います。活動の表面を眺めるだけでは見えなかった、活動の設計者の真意が見えてくるかもしれません。2つ目の質問は、「その目的を達成するために運用できる主要資源は、どのようなものが考えられるか」というものです。

前者の質問は「なぜそんなことをするか」、後者の質問は「なぜそんなことができるか」というシンプルなもので十分です。この2つの質問で、活動主体の目的と資源が推察できます。「目的と資源」は、戦略を構成する2つの主要要素ですから、この2問に答えることで、活動主体の戦略を推察できます。

では、推察した戦略に基づいて、改めて活動を評価してみましょう。戦略を実行する活動計画として、優れている点はどこでしょう。もし改善できるとしたらどの点でしょう。最強のマーケターによる最適解だったとしても、リスクをはらんでいるかもしれません。どのようなリスクで、どのあたりに注意すべきでしょう。もし友人や同僚と議論できるようなら、自分と異なる視点でなされた推論に耳を傾けてみましょう。1つの事例を複数の視点で見ることで、多めの経験値を得られます。日々の生活で目に付いたマーケティング活動で、ぜひ試してみてください。日常的な練習メニューとして役に立つと思います。

58

事業の継続と撤退、判断基準はすなわち「目的」である

【質問】

新商品導入などに際する、継続か撤退かを決める意思決定のガイドラインなどはありますか。例えば1年で黒字にならないとやめるとか、3年間は赤字も無視していくとか。それとも感覚に従うこともありますか?

そのブランドで何を達成したいか

継続か撤退か、といった意思決定のガイドラインは、組織や人によっていろいろな決め方がありそうです。私自身はあまり自分の感覚で決めることはありませんが、天才性に恵まれた

人たちは、感覚や感性で判断することもあるかもしれません。お客さんの反応や、そのデータで判断するというアプローチを聞くことも多いと思います。中途半端な感覚よりも頼りになりますが、その際には「基準を用意する」ことを忘れないように気を付けましょう。基準は、そのプロジェクトの目的によって決まります。

撤退や継続については、多くのプロジェクトに共通する普遍的なガイドラインがあるというよりも、その新商品なりプロジェクトなりに課せられた固有の役割や、1年、3年、5年以内など、一定の期間内に達成すべき目的によって定められるべきものです。せっかくデータドリブンであるなら、合理的な意思決定をしたいものです。

例えば、そのブランドは一刻も早くキャッシュカウ（利益の源泉）になるべしということであれば、もちろん黒字でないと話になりません。そうではなくて、むしろブランド体験の入り口となる商品だから、毎年一定人数のトライアルを確立するべし、ということなら、トライアルの確保が最重要で、黒字でも赤字でも大きな問題ではないかもしれません。いずれにしても、意思決定のよりどころは目的です。常に目的を明確にしましょう。

59 電気のような商品こそベネフィット訴求で差別化を図る

【質問】

私は春から電力会社で働きます。電力のように商品自体を差別化しづらいものでも、機能ではなくベネフィットでのアプローチは適用できますか？

機能や性能でポジション確立するブランドは少ない

最近では大手の電力会社だけでなく、新電力やガス会社や通信会社など、様々な業種の会社から電気を買えます。そして、供給される電気そのものに差はなく、違いは料金プランくらいのように見えます。エネルギーの小売りが自由化されたことで、マーケティングへの意識が高まったことでしょう。昨今の世界情勢や経済環境の変化から、目に見えるマーケティング活動はやや控えめになっているかもしれませんが、競争環境が本質的に変化したことは間違いないと思います。

こうした市場環境にいると、「製品の機能や性能で（大して、あるいは全く）差別化ができない特殊な市場だ」と説明されることも少なくありません。全くその通りだと思います。同時に、製品で差別化しにくいのは、電気やガスに限ったことでもありません。ブランドマネジメントが発展した洗剤、水、ビール、あるいはもう少し複雑な製品を扱うクルマや家電、コンピューターなどの領域でも、機能や性能の違いは頻繁に体感できるものでもありません。でありながら、認識の上ではそれぞれが大きく異なって理解されていることも多いように思います。機能で差別化しにくいからこそ、消費者が認識するベネフィットや、ブランドが持つ意味を通して、包括的な差別化を志向する意義が大きいように思います。

新型コロナウイルス禍やロシアのウクライナ侵攻以降、エネルギー環境の変化を通して、電力サービスの「低価格」という属性の反対側に、「高価格」ではなく「安定供給」という属性が見えてきました。また、「低価格」であったとしても、それは条件付きであることが分かってきたかもしれません。最安値はA社かもしれませんが、最安値を維持するために「電気を使う時間を気にする」といった努力が必要だったり、「もっと安い方法があるのではなかろうか」と、そこはかとないストレスが続いたりするなら、特殊環境下での最安値が最適とも限りません。ブランドの違いを示す変数が価格しかないように見えていた電力でも、「安定して使えるから安心して暮らせる」とか「年間通して料金比較を気にせずに済むので気が楽だ」など、多様なベネフィットの訴求を通して、ブランドの差別化が可能であると分かります。

自社の観点から世界を眺めると、自分たちはとても差別化がしにくい、特殊な製品やサービスを扱っているように見えると思います。確かに、全てのビジネスは固有で、それぞれに難しさがあります。同時に、機能や性能の違いを認識しにくい製品カテゴリーは珍しくありません。むしろ、機能や性能の違いだけでポジションを確立しているブランドは、意外と少ないのではないかしら。

第4章

リーダーの扉

Door of
Leader

60 仕事で大失敗した後輩にかける言葉

【質問】

販促キャンペーンを担当して大失敗した後輩マーケターがいます。先輩として、どのような言葉をかけたらよいでしょうか？

失敗の理由は、必ずしも成功する理由と同じではない

新たな課題に果敢に挑んだ後輩の失敗は、無駄にしたくないですね。先輩として、うまく手助けしたいものです。失敗は事後の活動によって「ただの失敗」と「ラーニング（学びの経験）」に分けられます。

挑戦を通してしか得られない何かを学んでいれば、それは単なる失敗ではなくラーニングです。つまり、成長の源泉である「知識」を獲得しています。時間と労力と資源を使い、失敗したとはいえ固有の知識を得られている。中には、失敗のリスクを踏まなければ得られないラーニングもあるでしょう。

その後輩には、この活動から何を学んだのか、聞いてみてはどうでしょう。何も学んでいなかったり「どうして失敗したか」しか学んでいなかったりすると、次も同じ失敗をしたり、違う方法で失敗したりするかもしれません。失敗した理由は、必ずしも成功する理由と同じではないからです。

「やってみなくちゃ分からない」は思考停止

成功に比べて、失敗の仕方はたくさんありそうです。「どうしたら成功し得たか」を学べていれば、次回は成功する可能性が高まるでしょう。

そのためには、事前に戦略を明示しておくと活動を振り返りやすいものです。「ごちゃごちゃ言ってないで、勝負は時の運だからやってみなくちゃ分からない」といった一種の思考停止がよろしくない理由の1つに、行動の結果から学びにくいことが挙げられます。勢いだけで実行すると、「やってはみたものの、どうしてこういう結果になったのか理由は分からない」となりかねません。

今回の経験が次の活動につながり、2度目の挑戦では初戦を戦うときよりも経験値が上がっている状態を目指したいと思います。それから、経験ごとにラーニングを得るというのは負けたときに限った話ではありません。勝ったときも同様です。なぜ勝てたのか分からなければ、勝ちに乗じることも難しいでしょう。「販促キャンペーンで大失敗」という痛恨の経験から後輩が大きなラーニングを得られるよう、手伝ってあげてください。

61

人材を育成する力がない…生まれつきそんな人はいない

【質問】

私は今31歳で、小さな会社でデジタルマーケティングの仕事に従事しています。過去に管理職をしていましたが、人を育成する能力がないように思います。今後もマーケティングの道を進もうと考えていますが、「部下を持つキャリア」と「部下を持たないキャリア」、どちらに進むか考えています。音部さんに、選ぶためのアドバイスを頂けますか？

部下を持つキャリアと、持たないキャリア

ご質問に答えるために、私の考える「人材育成の能力と要諦」と「キャリア」という2つの視点からお話しできればと思います。まずは、前者の人材育成からです。

①人材育成の能力

人を育成することに「興味を持てない人」は存じ上げていますが、人を育成する能力が「生まれつき備わっていない人」にはまだ会ったことがありません。

人材育成は「生来の能力」というより、「意志とスキルと環境」が大事だろうと考えます。これはビジネスに必要なリーダーシップのほとんどが生来のカリスマではなく、習得可能なスキルであることに似ています。いずれも一定レベルを超えていくには向き不向きがありそうですが、よほどのレベルまでは習得可能のように思います。

②人材育成の要諦

人材育成では、定期的に成果・進捗をレビューする、信頼関係を構築する、動機づけを意識するといった「HOW」について意識しがちです。「どう実行するか」はとても大事ですが、「何を実行するか」つまり「WHAT」が曖昧だとなかなか完遂しにくいものです。

達成すべき目的を明示し、適切に再解釈するのはとても重要です。それは人材育成でも同様です。うまく人材を育成できた（＝成長した）とは、どういう状態を意味するでしょう。つまるところ「いいマーケター」になってもらえばいいのですが、「いいマーケター」とは、どのようなプロフェッショナルでしょうか。プロフェッショナルは結果が大事だから、いいマーケターとは「成果を出した人」などと定義していると、「選別」はできても「育成」につなげるのは難しいかもしれません。

そこで、階層ごとに必要なスキルやコンピテンシーを明示して、「いいマーケター」の定義を明確にしておくことをオススメします。習得・確立すべきスキルやコンピテンシーが明確なら、どういったプロジェクトからどのような経験を積むべきかが、明らかになると思います。明確であるほうが、ＯＪＴの（オン・ザ・ジョブ・トレーニング＝職場内訓練）の効果も高まります。鍛えている筋肉を意識することでトレーニングの効率が変化するように、獲得するスキルが

同時に、教える側も指導しやすくなり、指導者間の格差も減らせます。いいマーケターが

明確に定義されていることは、マーケター育成の要諦だと言っても過言ではありません。最高マーケティング責任者（ＣＭＯ）など部門のリーダーがなすべき最重要の仕事の1つであると考えます。私もいくつもの企業でつくってきました。

人材育成に関わる際には、スキルやコンピテンシーのリストを用意してみてください。もしまだ存在しないなら、部門のリーダーたちと一緒につくってみるいい機会かもしれません。アドバイスとしては、もしも人材育成に「興味がある」のであれば、ぜひスキルを習得してみてください。きっとできるようになります。生まれついての育成者という人もたまにいますが、ほとんどの人は後天的に学んでいくスキルです。そのためには、いいマーケターを構成する要素を把握し、スキルやコンピテンシーを明示することからはじめてみましょう。完全に網羅的である必要はありません。重要と思われるポイントを考えてみることから始めましょう。部下や組織を持つことで、自身の影響力を大きくできることがあります。組織で働くことの醍醐味のひとつですから、育成に興味を持てるのであればオススメの選択肢です。

もし人材育成にさほどの興味がない場合には、自分自身のプロフェッショナルとしての洗練を追求するのも、とても立派な道です。いずれ、究めた技術・スキルを共有する相手も現れるかもしれません。

62

OJTを「放置」にしないマーケター育成の重要ポイント

【質問】

マーケターの育成には、何が大事ですか？　OJT（On-the-Job Training：職場内訓練）とOFT（Off-the-Job Training：通常業務から離れて行う職業教育）のバランスなど、音部さんのお考えを教えてください。

OJTとOFTの最適なバランスとは？

最近の人事異動でマーケティングに初めて関わるという部下が配属されてきた方や、複数の新人を迎え入れたマーケティング部門などもあることと思います。マーケティングキャリアのいいスタートを切るためには、希望に満ちた本人たちの士気に加え、受け入れ側が用意しておくべきこともあります。ある企業では「育成への貢献はＯＪＴが70％、上司のフィードバックが20％、研修が10％」といわれ、「（上司による育成努力や、組織による研修制度ではなく）ＯＪＴこそが育成だ」という方針が掲げられていました。

この方針が奏功していたかどうか定かではありませんが、ＯＪＴがただの通常業務や、ひどい場合には仕事を割り振っただけの「放置」となってしまっては育成とは呼べません。「エネルギーになる炭水化物」や「筋肉を構成するタンパク質」だけでなく、「ビタミン」や「ミネラル」などを摂取することで身体が健やかに維持されます。同様に、「上司のフィードバックや研修制度などの仕組み」は、育成に大きく貢献する「仕事の経験」を「有意義な経験値」に転換するために不可欠です。触媒的な役割を果たすからです。

そうした触媒的な役割は、ＯＪＴでの10の経験が、15や20の経験値になる係数として機能します。そこでいくつかの企業で実践してきた、新人育成の３つのヒントをお話ししようと思います。

（1）目指すべき「2年目」の姿を明確にする

本書でも言及されることの多い「目的の明確化」は、戦略やマーケティング活動だけでなく、育成においても重要です。それぞれの個人が「5年目にどうなりたい」か、「10年目にどうありたい」か、その先に「いずれどのような立場でどういった仕事をしたい」か、といった議論が面談などで交わされることがあります。「キャリアビジョン」などと呼ばれますが、これを上司や会社と共有しておくことは、次回の配属先を決める際だけでなく日々の仕事の仕方などにも影響します。同じ仕事や作業でも、自分のキャリアビジョンへの影響を理解することで、より多くの経験値を稼げます。

新人の場合は、個々人が目指すべきものに加え、組織として「2年目までに獲得しておいてもらいたいスキルや経験」を定義しておきましょう。見過ごされがちですが、新人が有意義な1年間を過ごすためには、1つ上の年次である2年目の先輩が立派に育っていることも重要です。優秀な2年目は、新人にとって分かりやすい目標となり、またカジュアルなアドバイスなどももらいやすいからです。

通常のマーケティング組織では、マーケティング関連の社内手続きの理解、ブランドの定義や中期短期のビジネス目標の把握、市場シェアなどの分析、質的あるいは量的な消費者理解の方法といった領域で、1年目の間に経験しておくべきことを示します。

（2）「仕組み化」でマネジャー間の育成格差をなくす

「2年目までに獲得してもらいたいスキルや経験」が明示できたら、全ての新人全員がもれなく確実に達成できるよう、1年分の「育成計画書」を用意しましょう。10年目の腕利きのマーケティングリーダーになるためには、多様な経験や巡り合わせなど不確実な要素も必要になりそうですが、「優秀な2年目」には新人全員がなれると思います。そのための工程や手続きを示すのが「育成計画書」です。各マネジャーが、自身の部下の新人が担当するプロジェクトなどを勘案しつつ作成します。

育成の仕組み化や標準化は、上司であるマネジャーの役割や個性を矮小《わいしょう》化するものではありません。こうした標準化されたメニューは「最低限、獲得すべきスキル」であって、「これ以上は教えてはならない」というものではないからです。

むしろ標準化されたメニューが設定されていることで、それぞれのマネジャーや担当するプロジェクトに、固有のトレーニングを実施しやすくなるでしょう。大きなブランドには大きなブランドなりの学びがありますし、小さなブランドには小さなブランドに固有の経験があります。育成する上司がたどってきたキャリアによって、それぞれに得意不得意もあると思います。標準メニューに加え、各上司が得意とする領域の知見も提供していきましょう。

教えることで、上司にとっても思わぬ経験値の獲得につながることがあります。自分の強みや考え方のアルゴリズムは通常、暗黙知として備わっています。「教える」という行為は、そうした暗黙知を形式知化する必要に迫られます。普段は暗黙知で問題なくても、スランプに陥るといつものように考えられなくなることがあります。もし自分の考え方やモノの見方を形式知としてまとめてあれば、自身のアルゴリズムを再インストールするように、スランプから自分で脱するきっかけにも使えます。

（3）マネジャー間に「保護者会」的なつながりを構築する

新人たちは、お互いによく似た課題に直面していることがあります。他部門との折衝が苦手だとか、仕事の完了時間を見誤りがちだとか、社内の暗黙知に不案内など、誰にとってもいつか来た道です。また、初めて新人を担当するマネジャーには「新人が困っていること」がよく分からず毎日が発見だ、ということも珍しくありません。新人時代の自分自身も似たようなものでしたが、ある程度の年数がたっていてあまり覚えていないのです。もし覚えていたとしても、上司の視点で見える景色は随分と異なるものです。

そこで、新人を受け持つマネジャーたちが定期的に集まる機会を設定します。Aブランドに配属された新人と、Bブランドに配属された新人が似たような課題を抱えているとき、それぞれのブランドマネジャーが独自に解決してもいいですが、解決方法や進捗を共有することで、より良い解決につながるかもしれません。1人で考えるよりも2人で考えるほうがいいアイデアが出てきそうですし、複数の視点から眺めることでより広く深い洞察ができます。このように皆で集まる機会は、マーケティング部長やCMOといった、部門を統括する上長が設けるといいでしょう。

最初の会合では、それぞれの「育成計画書」を共有し、お互いにアドバイスし合うのも有益です。全新人の育成計画やプロジェクトリストが、程よく同程度に難しく、必要な経験を等しく得られるよう工夫しましょう。その際、新人を受け持つマネジャーたち全員が、自分のチームや部下だけでなく、マーケティング組織全体の成長を意識することが重要です。会合を主催する部門長やCMOがそうした全体意識を促しましょう。

全てのポジションは固有で、お互いに異なる仕事をしていますが、得られるスキルや経験値の標準化は不可能ではありません。サッカーとオーケストラでは、活動内容が大きく異なります。しかし「各員が専門性を持つチーム」の中での「個人技の発揮」や「効果的な連携」

といったスキルは似ていることでしょう。同じマーケティング組織内であれば、1年目で必要とされるスキルをそれぞれのプロジェクトから得る方法が、きっと見つかりそうです。

私がCMOをしていた組織では、新人を部下に持つマネジャーたちを招いて、毎月ランチ会を主催していました。参加を強制するものではありませんでしたが、出席者には（CMOの予算から）上質なランチが提供されていました。既に経験を積んだマネジャーには、若いマネジャーたちに知見を共有してもらう場としても有意義でした。毎年繰り返すことで、この会議体には新人の育成に関する知見が蓄積されていきます。改善・強化を繰り返すことで、よりよく経験値を獲得できる仕組みを構築できると思います。

63 「ナポレオンとモルトケ」でマーケターを分類してみた

【質問】
音部さんは、「マーケター」をどのように分類できると考えていますか？

経験を積んだマーケターの場合

本書の最初で、「いいマーケターの定義」について野球のポジションに例えて説明しました（第1章01『「いいマーケター」はマーケ以外から多くを学ぶ』参照）。今回はそれを深掘りして、私が考える「マーケターの分類」をお話しします。

まず、ＣＭＯやマーケティング本部長のような、ある程度経験を積んだマーケターの分類

ある程度経験を積んだ場合

	回復	改良
ナポレオン		
モルトケ		

です。この場合は4象限に分けています。

横軸は「回復をさせる人」「持続的な改良をする人」に分けています。両方できる人もいますが、片方が得意な人が多い印象です。去年までと同じ方針に従って持続的に改良し続ける胆力あるいは持久力がある「改良」の人と、去年うまくいかなかったことを否定して、より大きいスティープ（急角度）な成長カーブを描くために新しい方針を立案実行できる「回復」の人では、求められる力が違いそうです。

縦軸は「ナポレオン」「モルトケ」に分けています。フランスのナポレオンは、ご存じの通り皇帝にして将軍にして現場指揮官です。一方のモルトケは、普仏戦争でフランスを破ったプロイセンの参謀総長です。モルトケは国家元首でも現場指揮官でもありませんが、各部隊の力を最大限に引き出せるような構造をつくり上げるため、「参謀本部」という組織の仕組みを編み出しました。

自ら指揮を執り、自身の前線だけは何があっても崩させないのがナポレオンです（結果的にナポレオンは自身が直轄しない他の前線が破られることで戦争に負けるのですが、直接指揮を執った方面においては、常に圧倒的だったそうです）。ナポレオン的なアプローチでは、個人の戦闘力や現場での直接指揮の能力が重要です。一方、組織で戦争に勝とうとするのがモルトケです。必ずしも本人が最前線に出るわけではありませんが、人材育成を含む組織構築の能力が不可欠です。

組織の規模が小さく、複雑さの度合いが小さいケースでは、1人で指揮できるナポレオンタイプが効率も良く有利です。しかし、ブランドが10個も20個もある大型の組織では、モルトケタイプでないと無理です。何より時間の制約があるため、全領域で精度の高い指揮を執ることはできないでしょう。

ミドルクラスのマーケターの分類

続いてCMOレベルではなく、ブランドマネジャーなどミドルクラスの場合の4象限を見ていきましょう。

ブランドマネジャー／ミドルクラスの場合

	コンシューマープル	トレードプッシュ
社内に影響力		
社外に影響力		

これはＰ＆Ｇで往時のブランドマネジャーたちが、自分たちよりも上の階層のマーケティングディレクターたちをネタとして分類するのに使っていた表です。もちろん非公式のものですが、うまく的を射ているように思います。ブランドマネジャーの分類もこの表がそのまま使えそうです。

横軸の「コンシューマープル（≒消費者からの誘因）」とは、コンシューマーを味方につけて「買いたい」と思ってもらうことが上手なタイプです。それに対して「トレードプッシュ（流通からの支援）」は、流通がこのブランドに協力したいと思うように、流通・営業にうまく働きかけるタイプです。

縦軸は「社内」および「社外」への影響力で分けています。流通に影響する方法を知っている人、消費者に影響する方法を知っている人は「社外に影響力」の側。「社内に影響力」というのは、他の部門を動かし上司の力をうまく使える人のことを指します。

これも先ほどと同じように、どの象限が偉いとか、または簡単だという話ではありません。赤と青が優劣とは異なる色の違いを示しているように、特性の違いから分けた分類だと理解してください。

駆け出しマーケターは「知性」「行動力」「統率力」

最後に駆け出しのマーケターから、ようやくブランドマネジャーになれそうという段階の人たちを分類する表を見ていきましょう。

マーケティングチームおよびマーケターがすべきことは、大なり小なり問題解決です。そして、その問題解決の方法には、ざっくり言うと「知性」「行動力」「統率力」の3つがあります。

横軸の1つ目の「知性」とは、すなわちそれがあるが故に情報収集能力や処理能力が高く、いろいろな策に気付ける能力や洞察力などがあります。一言で言えば、何かしら「答えが分かる」という力です。

2つ目の「行動力」は、自分で答えが分かるかどうかは不明ですが、「とにかく行動して、

駆け出し〜の場合

	知性	行動力	統率力
開発			
計画			
実行			
フォローアップ			

最後まで押し切ることができる」という力です。

そして3つ目の「統率力」は、知性や行動力は乏しくてもそうした能力に恵まれた人をうまく巻き込めるので、「その人がいることで何かしら物事が前に進むリーダーシップ」を持っている人が当てはまります。

それぞれ1つだけ持っているということはなく、誰しも3つを組み合わせて持っています。とはいえ得意不得意があるので、自分がどの領域が得意かを考えておくことで、若いうちから成長の効率を高くできるでしょう。得意な部分は同じ努力量でも効率よく伸ばせます。不得意な部分は効率が悪いかもしれません。しかし致命的な事態の原因になることもあるので、長所の足を引っ張らない程度に改善していきましょう。

縦軸は解決すべき問題が存在する段階を示しています。ここでは「開発」と「計画」、そして「実行」と「フォローアップ」の4つに分けました。二重線から上が企画段階で、下が世の中に出ていくことを表現しています。この捉え方ではなく、「認知」「興味」「購入」「満足」といった「パーセプションフロー・モデル」の段階などに従ってもいいかもしれません。

以上、経験の度合いに合わせてマーケターを分類しました。こうした分類は「私はここに分類されるんだな」と割り切るために使うのではなく、こういうスキルの種類があり、この中で自分がどういう領域が好きで、強化していきたいかの道標にするために使えると思います。

また、上司から見たときには、自分の部下それぞれを理解するための尺度として使えます。

64 スタートアップのCMOが持つべきスキルセットとは

【質問】

音部さんは名だたる企業でブランドマーケティングをされた後、D2C（ダイレクト・ツー・コンシューマー）ブランドへの支援もしているという記事を拝見しました。D2Cのスタートアップ企業を成長に導くCMOの特徴や、スキルセットについて教えていただきたいです。

CMOの役割

スタートアップ企業のCMOの特徴や必要とされるスキルセットについてのご質問ですが、

前項で示したように、CMOには大別すると2種類あると考えます（第4章－63：「『ナポレオンとモルトケ』でマーケターを分類してみた」参照）。

1社で複数のブランドを持ち、ポートフォリオで管理しているような企業の場合、CMOでさえ個々のブランドの活動に立ち入るのは非効率です。たとえ個々のブランドマネジャーの3倍の能力を持っていたとしても、10ブランドもあれば1ブランドに投下できる能力は0・3人分です。半人前よりも小さく、役に立つことは難しいでしょう。中途半端に介入すると、むしろ迷惑をかける可能性さえ出てきます。CEOともなるとさらに困難ですから、マーケティング機能のリーダーを用意することは有意義です。

会社が1つのブランドでもあるといった場合には、CMOは大きなブランドのブランドマネジャーとして機能します。消費者に働きかけて市場創造を主導するのはCMOの大事な仕事ですが、新市場の創造が最重要課題であるスタートアップでは、CEOがCMOを兼任することも多いでしょう。

多くの組織でCMOに期待されるのは、消費者に満足を提供し、市場を創造・再創造することです。そのためには、①消費者を理解し、②いい商品の定義を新しく提案して刷新し、③訴求すべきベネフィットを見いだせるスキルが役に立ちます。マーケティングとマーケティング組織の本義です。加えて、部門のリーダーとして、④マーケティング組織をうまく統率し、⑤組織強化を指導できるとすてきです。

マーケティングを「費用」ではなく「投資」として運用

さらにD2Cを含むスタートアップには、特徴的な要素があると思います。もう少し大きな企業と比較した際に、大きな違いの1つとして「資源総量」があります。スタートアップはヒト・モノ・カネといった資源を、あまり多くは持っていません。そこで重要になってくるのが、資源をうまく利用できるスキルセットです。

まず、「カネ」です。マーケティング費用として毎年2億円を使っているとしましょう。そして、その2億円を20億円の売り上げをつくるための値引き施策に使ったとします。20億円の売り上げがあったら成功だろう、という考え方もありますが、この場合の2億円は翌年にはあまり多くを残さないかもしれません。価格をきっかけに買ってくれたユーザーは増えましたが、そのユーザーは価格に誘引されています。商品を使ってベネフィットに気付くかもしれませんが、「安く買えて得した」というパーセプションで止まってしまうと、次の購入も値下げを必要としそうです。

もし、この2億円を使ってベネフィットを覚えてもらうとか、ブランドを好きになってもらうとか、愛着を感じてもらえれば、効果は消費者の心の中に残ります。去年使った2億円のうちの半分、1億円くらいが消費者の記憶に残っているなら、今年2億円を使うことで合計3億円分の存在感です。毎年のマーケティング投下を通して、ブランドの意味が明確になり、愛着を感じて継続的に使ってくれるユーザーが増えていけば、それは投下したお金の一部が、自分たちの「資源」として残る使い方ができているということです。このように、マーケティングを「費用」ではなく「投資」として運用できるCMOがいると、貢献度はとても大きくなると思います。

マーケティング予算の使い方にも深く関連しますが、「モノ」や「サービス」を体験した消費者が、うまく満足を実感できるよう、適切な期待値を設定し、有意義な第一印象やブランド体験を提供できるスキルは、ブランドの継続利用に大きく影響します。「モノ」や「サービス」そのものの力をうまく最大化するスキルがあると、とても心強いでしょう。

経験から知識を収集し、蓄積し、流通させる

マーケティング部門のメンバーの能力を強化し、組織を育てるのも「ヒト」という資源をうまく使うスキルセットの構成要素です。

「ここ1年間で最もお金と時間を使ったプロジェクトを経て、皆さんは何ができるようにな

りましたか？ また、チームは何ができるようになりましたか？」という質問をすることがあります。「自分はこのプロジェクトで何を学んだ」と言えるのは経験的には5～10％程度です。残りは「一生懸命やったんだけど、何を学んだかはよく分からない」状態です。もし多くのメンバーが、各年に学んだことを明示できて、さらに共有できるような組織であれば、それはきっと力強い成長の礎となるでしょう。

この点にCMOがうまく関与し、貢献できると、各プロジェクトを通して組織の経験値が上がり、強くなっていきます。1年目より2年目のほうが確実に強くなる。なぜなら1年目の成功あるいは失敗から、組織全体が効果的・効率的に経験値を稼げるからです。さらにチームにメンバーが3人いるのであれば、それぞれが学んだことを共有し合うことで、1年で3年分の経験値を抽出できる可能性もあります。改めて言うまでもなく、1年で3年分の経験値を得られる組織は強力です。こうして、経験から知識をうまく収集し、蓄積し、流通できる仕組みをつくれるCMOは、組織を継続的に強く育てられます。本人が自ら効果的な施策を考えることも有意義ですが、アイデアそのものは部下である担当者や外部の広告会社でもできるかもしれません。むしろ、組織や人材を育てる仕組みをつくることは、CMOに固有の貢献と捉えるべきでしょう。個人と組織の成長のほとんどは、直接間接の経験から得られる経験値や知識であると理解することが、はじめの一歩だと思います。

65

抜きんでたエースがいなくても勝てる組織を目指せ

【質問】
将来、CMOになるためには、どんな経験を積むことが大事だと考えますか？

CMOタイプ別に必要な要素は異なる

少し前の項で、CMOには、「ナポレオン型」と「モルトケ型」の2つのタイプがあることを紹介しました。自らが大きなブランドマネジャーとして立案し実行する「ナポレオン型」のCMOと、ブランドマネジメント組織を構築して、各ブランドを自分が直接運営する以上に成長させる「モルトケ型」のCMOです。

それぞれ必要とされる知見や能力が大きく異なります。ナポレオン型であれば通常、競合と競い合う市場は1つです。モルトケ型ではブランドの数だけ競合先も増え、複数の市場を見続ける必要が出てきます。

この違いは、「目的」と「資源」という戦略を構成する2大要素の後者、「資源」の違いに起因します。1社1ブランドのCMOは、自身の「経験」「知識」「能力」を第一の資源として使うための組織づくりをすべきでしょう。CMOのアイデアを正確かつ迅速に実行できることが重要です。

一方、1社複数ブランドのCMOは、「複数ブランドの経験と知識」「ブランドマネジャーたちの能力」を第一の資源として組織づくりをすべきです。Aブランドの知識がBブランドと共有されることで組織の成長を高めるなど、ブランド間の連携を強める構造や仕組みが成否を分けます。

具体的に言うと、ナポレオン型CMOには、規模が大きなマーケティング予算の使い方、最高経営責任者（CEO）や営業との連携、上意下達をうまく実行できる組織づくりが不可欠です。基本的には1人のマーケターとして得意な領域を強化し、著しく苦手な部分を克服し、それでも残る比較的弱い部分を使わなくて済む戦い方ができるよう能力を高めましょう。

ここでは事例を豊富に知っていることや、実験手段を多く持っていること、いろいろな業界の広告会社の担当者を知っていることなども、きっと役に立ちます。一つ一つのマーケティング活動の規模が大きく、全体に与える影響も大きいため、どの広告会社の誰を知っているかが、時に決定的な差になることもあるでしょう。はやっているものをいろいろ試して、自身の経験領域を広げておくことも役に立ちそうです。

モルトケ型のCMOでも、CEOや営業、製品開発といった他のマネジメントとの協働、社外との連携など、ナポレオン型と共通する部分は多いものです。大きな違いは、自分で直接的に立案したり、実行したりしない代わりに、組織内で知識がうまく伝播《でんぱ》する構造や仕組みをつくることが不可欠な点です。自分が期待することを、自分で直接行うよりも部下たちにうまくやってもらえるようにする必要があります。目指すべきところは、「抜きんでたエースがたくさんいなくても勝てる組織」です。Aブランドの失敗からBブランドが学び、Bブランドの成功からCブランドが学び、組織全体で経験値を稼ぎやすく、強くなりやすい構造をつくりましょう。もしエースがいれば、資源の増加分としてカウントできます。

また、自身が受けたトレーニングを改良しつつ、部下に提供できるようなマネジャーを育成できると、自律的に人材を再生産できるので心強いと思います。自分ができるようになるのに5年かかったのであれば、部下や後輩が3年でできるように工夫できるような組織は強力です。その背景には、成長を「昨日できなかったことが明日できること」と捉え、そのためには昨日知らなかったやり方が、きょう分かる必要がある、という考え方があります。これはナレッジマネジメントと呼んでもいいでしょう。根底には、一橋大学名誉教授の野中郁次郎先生や竹内弘高先生らが提示したナレッジマネジメントのフレームワーク「SECI（セキ）モデル」の考え方があります。

共通言語の構築が組織づくりに欠かせない訳

そうした組織をつくるには、共通言語をつくり、それを敷延《ふえん》させ、プロセスを標準化し、経験が知識として収集され、蓄積され、流通されやすい仕組みをつくる必要があります。プロセスの標準化というと、「イノベーションが発生しにくくなる」とか「クリエイティビティーが損なわれる」といった心配をする人も出てくるかもしれません。

古い話ですが、経済学者のヨーゼフ・アロイス・シュンペーターは、「イノベーションとは新結合」だと定義しています。であるならば、多様な結合が可能になるよう、接合部分を統一しておいたほうがイノベーションは発生しやすくなります。

では、この接合部分とは何でしょう。概念をつなげる部分ですから、すなわち「言語」です。オープンイノベーションなどの手法が出てきているので、社外でも通用する普遍的な共通言語を持っていることは、大きなアドバンテージになるでしょう。

クリエイティビティーは、制限によってもたらされるという考え方もあります。広い駐車場のような制限のない空間で「好きにバイクに乗ってください」と言われるよりも、「鈴鹿サーキットを3分で走ってください」と言われるほうが、創意工夫が必要になりそうです。

実際に使える資源も目的も、ほとんどの場合は広い駐車場ほど自由度の高いものではありません。制限の中で、戦略的に（≒目的と資源を意識して）クリエイティビティーを最大化する技術は、雇われのプロフェッショナルには不可欠です。そのためには、ノウハウや道具は実績のある洗練されたものを持っていると、効果的で効率的です。経験的にも共通言語と標準化されたオペレーションの確立は、いずれのCMO型であっても重要なスキルです。

自身の帰属する組織がナポレオン型か、モルトケ型か、どちらのCMOタイプを必要としているか、考えてみることは大事な示唆になるでしょう。また、自身がどちらを得意としているかを理解することも助けになりそうです。スイッチピッチャータイプの人もいるので必ずしも決め込む必要はありませんが、ある程度の一貫性を持つことで、経験値を蓄積し、成長しやすいように思います。

66 組織や個人の成長に欠かせない「共通言語」のつくり方

【質問】

組織内で共通言語を構築することの重要性は理解していますが、実際の現場で浸透させるのが難しいです。良い「共通言語化」とは何でしょうか。また、共通言語を組織で構築する際のポイントについて教えてください。

そもそも、なぜ共通言語が重要なのか

プロフェッショナルのマーケターやマーケティング組織の成長は、「昨日できなかったことが明日できること」だと考えています。「人は大抵、昨日に対するときほど、今日と明日に対

して賢くなることができないものだ」という古今東西の鉄則を踏まえるなら、成長は「昨日に対する賢さを、明日に使うこと」とも言い換えられます。

昨日の試みや失敗から普遍的な知識として「うまくいくやり方」を抽出できれば、明日はうまくできる可能性が高まるでしょう。「経験値を稼ぐことが成長につながる」という印象がありますが、それはこうした作用によるものです。そして、このように経験から得られた貴重な知識は、共通言語で伝播《でんぱ》します。

つまり、「共通言語は経験を知識に変え、蓄積し、流通して共有することで人材や組織が成長するのに不可欠である」と理解できます。では、どのようなものが共通言語となるでしょう。

文明の場合

昔から敬愛する作家・開高健は、その博識と慧眼《けいがん》をもっておびただしい量のエッセーや談話を残していますが、たくさんの傑作の中の1つに1980年に発表された「文明の旅、自然の旅」という一編があります。そこに次のような一節があります。

「僅か五、六百年前には、いったんは、アステカ、マヤ、インカの文明と文化を築いていた彼らが、スペインの掠奪者（コンキスタドール）に『あっ』という間に滅ぼされた。ユダヤ人が滅びなかった理由は、文字を持ったこと、強力な宗教を持ったことですね。インカの場合は、絵文字まではいったけれども、表音文字、表意文字までは達しなかった。漢字ほどにも抽象化されなかった。そしてアニミズムを除いては一神教を持たなかった。文字を持たなかった民族は滅ぼされていくという鉄則があるようです」

（『開高 健 電子全集13　40代エッセイ大全』（小学館）、「文明の旅、自然の旅」より）

文字、すなわち言語を記し共有する手段が、組織の存続に与える影響を洞察しています。また、一神教の場合と同じように、よりどころとしてパーパスやブランドが明らかにされていることも、組織の存続と無縁ではないだろうと類推されます。

概念を記述し、記録し、流通できることの意義を理解できます。

アクティブラーニングの場合

2020年の新聞に、国立情報学研究所の新井紀子先生が小学生のアクティブラーニング（主体的・対話的な学習法）を例に、言語教育の重要性について説明している記事がありました。

理科の授業でスチール缶やアルミ缶を使って、どんなものが磁石に付くか実験したとします。ある班がスチール缶本体には付くが、プルトップだけは付かないことを発見しました。しかし、発見したことを言語化できません。記述するのは面倒で、語彙も十分ではない。この状態では、知識として他の班と共有できません。話し合っても、なかなか知識の共有にはいたらない。語彙の量、書く速さ、ノートの取り方といった基礎や基本がクラスの中である程度そろっていないと、アクティブラーニングを有効に行うのは難しい、という内容でした。

語彙量や意味の精度、記述の速度や概念の整理の仕方なども共通言語の要素だと理解できます。実は、この問題は小学生のアクティブラーニングに限りません。大企業のブランドマネジメント組織が似たような状況に置かれていることがあります。

Aブランドの化粧水の経験を、Bブランドのシャンプーに有効に生かすためには、語彙の共有だけでなくブランドマネジメントの考え方や手法、オペレーションに使う文書のフォーマットなどが統一されている必要があります。

共通言語のつくり方

前述のように、共通言語を確立する目的の1つは、組織や個人が持続的・有機的に成長するために必要な経験値の共有です。つまり共通言語を持つことで、個々の経験値が効率よく収集され、蓄積され、組織内に流通される仕組みが出来上がればいいのです。このように理解することは、いい共通言語をつくるヒントになりそうです。

例えば、語彙や概念を解釈の余地なく定義したり、新商品導入プロセスや「パーセプションフロー・モデル」などのオペレーションの枠組みを確立したり、定期的なラーニング共有を仕組み化したりすることで、共通言語の確立を促すことができそうです。

言葉の定義についての注意点

戦略、マーケティング、ブランド、インサイト、パーパスなど概念的、抽象的でありながら、ビジネスの会話に頻出する重要語句は、客観的・論理的で頑健な定義を使うべきだろうと思います。標準的なアカデミアの知見が役に立つこともあるでしょう。

「自分の言葉で語れることが重要だ」という訓示を聞くこともあります。誤解されがちですが、それは飲み屋で人生論を語るように、個々のメンバーがそれぞれ自分で定義する、ということではありません。同じ意味を理解しつつ、自分ゴトとして解釈し説明できる、ということです。

例えば、よく耳にするのは「マーケティングとは、顧客を知ることである」といったフレーズです。否定しようがなく正論で、普遍的です。しかも間に「とは」などと入っているので定義風ですが、これは定義ではありません。

顧客を知ることはマーケティングにとって重要ですが、マーケティングには顧客理解以外の活動もたくさん含まれていることを思い出せば、これは定義ではないと分かります。こうした定義風のモットーや記述はあちこちで耳にしますし、金言や真理であることも少なくありませんが、共通言語の構築においては注意が必要です。金言は定義ではありませんから、そのまま共通言語化するとうまく機能しないので、気を付けましょう。

67

「経験を知識に変える」ための有効なアプローチ

【質問】

組織における知識の管理方法についてお伺いしたいです。以前音部さんは「結果から学ぶ組織は繰り返しを意識している」とおっしゃっていましたが、繰り返しによって得られた知見をどうやって社内に蓄積していくのでしょう。また、人が代わってしまうと、社内の知見も失われるのではないかと思いますが、どうしたらいいですか？

意外に有効だったアナログな方法

大学生の方からの質問ですが、学生のうちからこうした知識管理の方法を意識されるのは立派なことです。とても難しいテーマであると同時に、とても大事なテーマです。

組織の知識というと、イントラネットにためようと考えることが多いかもしれません。私はそうでした。経験値データベースのプロジェクトを立ち上げて立派な経験データベースができ、プロジェクトメンバーも使う側のブランドマネジャーたちも、「これは便利に違いない」と完成を喜んでいました。ブランド組織の全経験をイントラネットにためておけば、誰が異動しても退社しても、その経験値は残り、いつでも誰でも参照できます。便利でないわけがありません。

しかし実装してから分かった最大の問題は、誰もイントラネットに知識なんか探しに行かない、ということでした。知らないことがあればウィキペディアに調べに行くのに、イントラネットで過去の経験を調べることなどありません。残念なことに、ほとんど使われることのないまま知識がたまっていきました。

こうした失敗を含む試行錯誤を経て、意外と機能したのはもっとアナログで有機的な方法です。各ブランドあるいは製品カテゴリーごとに、この四半期で最も意義深かったと思われるラーニングをみんなに共有する、というセッションを定期的に開催したのです。マーケティング部長やブランドマネジャーに、それぞれの部門からラーニングを経験した担当者たちを選んでもらい、彼らは全体会議の場で各ケースにつき2分程度で概要を発表します。SNSで短期間に1万人のフォロワーを獲得した考え方だとか、転職してきた人たちの満足度を高める方法、オンラインとオフラインの連係など、マーケティングやマーケティング組織について、様々な議論が共有されました。

2分しかないので子細な説明はできませんが、テーマと発表者の名前くらいはみんなで共有できます。これで、その項目について知りたいことがあったときには、「この前、お話しされていたことを詳しく聞かせてください」と、その人の所に行けるようになります。社内ですし、普通は快く教えてくれます。どの話を誰に聞けばいいか、タグのリストができます。思いのほか、うまく機能したスキームだったように思います。

人の入れ替わりがあっても、知識を残すには

ただこの方法だと、ラーニングを経験した人が転職してしまうと、知識も経験も散逸しそうです。そこで、少し静的な記録方法ではありますが、1年に1回とか四半期に1回といっ

たペースでビジネスの振り返りをすることにしました。

こうしたビジネスレビューを定期的に蓄積している組織では、去年何をやったかとか、一昨年の競合の新商品導入時にはどのように対処したかとか、経験を知識に変えて文書に残しておけます。長いと読む気も検索する気もうせるので、全量を1ページに抑えて、部署を横断的に見るCMOなどのオフィスにためておきます。何が起きたか、という経緯に加えて、そうした事案が発生した普遍的な仕組みや対処法などを示せると有益です。前述したような「誰かに聞く」という即応性は損なわれていますが、知識をためておく方法として機能するかもしれません。

68

「マーケターの素養」を見抜く、とっておきの質問

【質問】

音部さんがマーケティング責任者を務めていた時、採用面接で何を確認していましたか。そして、どういう人材であれば採用していましたか？

「志望動機」はニーズの解釈である

私は採用面接では、ずっと同じ質問をしています。新卒や若い中途採用者の面接であれば、重視すべきは「いいマーケターになりそうな素養」や、「マーケティングへの向き、不向き」であると思います。なぜならスキルや経験は、入社後のトレーニングや実務で獲得すればいい

いからです。

そして、そうした「素養」は、時代によってそれほど変わらないように思います。また、同じ質問で何十人も面接すれば、質問をする側の能力を高めやすいという利点もあります。時代を超えて汎用性の高い質問をするのはオススメです。

特に私が重視していた質問の中に「志望動機」と「自己PR」があります。「何とも普通だな」と思われるかもしれませんが、ブランドマーケティングの視点でこの2つの質問を眺めると、大事な示唆を見つけられるのです。当時は明確に理解できていませんでしたが、私自身が学生時代の就職活動中に、何となく気にしていたことでもありました。

通常、志望動機は「なぜ、その会社を志望したのか」を語る場面ですが、「その会社のニーズを解釈するいい機会」として捉えることもできます。面接のたびに、「貴社はグローバルカンパニーなので、多様な人材が活躍されています。私もそうしたプロフェッショナルになりたいと思い、貴社を志望しています」といった話をよく聞きました。正直な気持ちをストレートにお話しいただくのは、素晴らしいことです。

欲を言えば、「志望動機を通して、会社のニーズをどのように解釈したか」という考察を示してもらえると、さらにすてきです。

例えば、「貴社はグローバルカンパニーなので、多様な背景の人材が活躍されています。一方で、ローカルの消費者を代弁できるような人材も必要だろうと思い、私も役に立てそうだと考えて志望しました」といった具合です。

この表現では、「グローバルカンパニーで活躍してくれる人材が欲しい」という企業側のニーズに対して、それはすなわち「ローカルの消費者を代弁できる人材が欲しいということですね」と再解釈できています。ニーズを解釈し直して提案できている点は、マーケティングに向いていることの示唆だと思います。

「自己PR」はベネフィットの訴求である

そして「志望動機」がニーズの解釈であるとき、「自己PR」はベネフィットの訴求です。ニーズに対応する解決策がベネフィットであるように、志望動機で想定した企業のニーズに、自身が提供できるベネフィットを自己PRとして提示できます。前述の「グローバルカンパニーなので、ローカルの消費者を代弁できるような」ことがニーズであるとき、自分自身がなぜそのニーズを満たすのか、を自己PRとして示すことができれば、志望動機と自己PRが論理的につながります。では、具体的にはどのようにベネフィットを伝えればいいでしょう。

基本的なことですが、ブランドマネジメントでは「機能」と「ベネフィット」を明確に分けて理解する必要があります。もし機能とベネフィットの区別が難しいと感じるときには、主語に着目しましょう。主語がブランドや製品なら、それはきっと機能です。「モレない、ムレない」の主語は紙おむつなので、機能だと分かります。そうした機能があることで、「消費者にとって」何がいいのか、消費者を主語にして表したのがベネフィットです。

例えば「モレない、ムレない」という「機能」を持つ紙おむつがあるとき、そのベネフィットは「（モレずに、ムレないので）お母さんも赤ちゃんも快適に遊べて、楽しい思い出がつくれる」といったものから、「（モレずに、ムレないので）赤ちゃんはぐっすり眠れて、脳の発育を促す」といったものまで、いろいろ考えられます。同じ機能でも多様なベネフィットが訴求できるので、解釈されたニーズとうまく呼応させられそうです。

自己PRが「ベネフィット」であるということは、実は主語は自分ではなく会社です。つまり、「会社にとって何がいいのか」を示す必要があります。「自分がどういう人間か」というのは、いわば「機能」です。いままでの職歴や学生時代にがんばってきたことなどは、ベネフィットというよりも「製品機能の説明」に近いものです。多くの自己PRが、「機能」や「製品説明の逸話」に終始しがちで、なかなか「ベネフィット」に言及していないのだとすると、それは少し残念です。

「私は海外経験が長いので3カ国語を話せます」とか、「寮生活が長かったので、協調性があります」といった能力や逸話を話した上で、「ですから、異なる立場や主張の間をとりもって、多様な意見をくみ取ることができます」といったベネフィットを示せれば、先ほど志望動機を通して解釈されたニーズと明確に一致します。

こうして志望動機と自己ＰＲを1つのストーリーに構成することで、話しやすく、腑《ふ》に落ちやすい話になるでしょう。「志望動機」で会社のニーズを解釈し、自身の経験や特技を踏まえつつ、「自己ＰＲ」でそのニーズを解決するベネフィットを提示できる人物であれば、上手にマーケティングができそうです。

69

P&G人事リーダーから面接担当者へ3つのアドバイス

【質問】

音部さんが新卒者を面接される際、P&Gの人事担当者からどのような指示やアドバイスがありましたか?

実際の行動から向き不向きを確認する

こちらも面接で聞いていた質問のお話です。この前は「志望動機」からニーズを理解したり、解釈したりする「マーケティングの素養」を、さらに「自己PR」からベネフィットを訴求する「ブランディングの素養」を確認しました。今回は私が面接担当者として、当時の

P&Gの人事リーダーから受けた大事なアドバイスを紹介しましょう。

「面接には3つ、大事なことがあります。第一に、優秀な人材を選別するのではなく、向いている人に気付くこと。全面的に有能な人物も、全面的に無能な人物もいませんが、向いている人物や不向きな人物はいます。そこで、現時点での能力の高低ではなく、向き不向きを見ましょう」

確かに新卒であれば、面接を受けに来るのは大学生です。現時点の能力よりも、必要な能力を獲得するのに向いていることのほうが大事でしょう。そして「向き不向きは、その場の発言だけでなく、実際の行動から確認しましょう」とアドバイスされました。ハキハキした発言だけでうっかり評価してしまわぬよう、注意喚起だったのかもしれません。これは必ずしも「成功体験や成果を重視する」ということではなく、「実際に実行に移した思考を見よ」ということと理解しました。

優秀と思われる人材は「魅了」せよ

「第二に、評価基準にかかわらず、一目で優秀だと分かる人材が少しいます。こうした人については、評価や選抜の場というよりも、会話を通して魅了する場です。キャリアの可能性や社内の雰囲気などを正直に説明し、うまく魅了しましょう」

学生だった頃の自分に対する面接が、果たして選抜だったのか、それとも魅了するための説明だったのか、記憶はかなり曖昧です。そうした人材に当たった場合に備えて、魅了する文言を用意しておきました。

「最後に、たとえ不合格であったとしても、うちの会社のユーザーになる可能性は十分あります。消費者との大事な接点でもあるので、好印象で終わるよう心がけましょう」

社会心理学の実験のように、面接担当者は偉そうになりがちです。こわもてであれば、座っているだけでも圧迫感があります。真剣に聞いているのか不機嫌なのか、一見分かりにくい人もいます。にこやかに笑う方法も指導してもらいました。

加えて、できれば面接の終わり際に強みをアドバイスしてあげるようにも言われました。自身の強みを知ることで、自分に向いている仕事や会社を探しやすくなるかもしれません。

とはいえ、既に何十年も前の話です。今でもそうであるかどうか、確認していませんので、実践に際してはご注意ください。

70 最も喜んでもらえたプレゼントの話をしてください

【質問】

音部さんが採用面接で「マーケティングに向いている人材」を見極める際に、効果的な質問はありますか？

向き不向きが分からない場合の〝ピンチヒッター〟

引き続き、各社で最終面接などしていたときの話。前回は、面接担当者として大事なことを紹介しました。今回は「施策の立案に関する質問」と「バイアスから抜け出す視点の自由度に関する質問」を紹介します。

ここで取り上げるのは、マーケティングに向いている人材を見いだすための質問です。志望動機や自己PRなどの会話から見極められることもありましたが、向き不向きが分かりにくい場合に投入する〝ピンチヒッター的な質問〟です。

長く愛されるブランドをつくるためには、消費者に使い続けてもらう必要があり、そのためには満足してもらわなくてはなりません。経験的には、満足は消費者の期待を少し超えられた場合に生まれることが多いようです。消費者の期待を理解して超えるか、あるいは消費者の期待を自ら設定して、超えていきます。いずれにせよ、うまく消費者の期待を超える働きかけが重要です。そこで、次のような質問をしていました。

「あなたがいままでに贈ったプレゼントで、最も喜んでもらえた時の話をしてください」

誕生日であれ、記念日であれ、期待を超えるプレゼントをした経験は、〝期待を超えるブランド体験〟の提供と似ています。相手を理解し、喜んでいる様子を想像してうまく実行するのは、ターゲット消費者を理解して目的を設定し、消費者満足を実現するのと変わりません。プレゼントを贈るのが上手なら、きっとうまい施策を考えられるでしょう。

「水」を使った視点を飛ばすための質問

戦略の立案であれ、施策・活動の計画であれ、創造性はとても重要です。「透徹した明晰《めいせき》なロジック」と「斬新な発想のクリエイティビティー」は、対立するものだと思われがちですが、両者には共通の障害があります。浅薄なロジックと凡庸なクリエイティビティーは、無意識のバイアスによって思考が狭められているのが原因かもしれません。であるなら、そうした有象無象のバイアスの向こう側に行く力があればよさそうです。そこで、次のような質問をしていました。

「週末ののんびりした午後、誰かとランチです。天気がいいので、日当たりの良い窓際に座りました。白いテーブルクロスの上には、既に料理も並んでいます。休日なのでワインなどもあるかもしれません。そして、その脇にグラスに入った水があります。さて、このグラスの水をできる限りたくさん解釈してみてください」

水の入ったグラス、グラスに入った水、陽の光を受けてキラキラきれいなテーブルの上のオブジェ、お花を入れれば一輪挿し、料理の間にお口直し、手が汚れたのでフィンガーボール、服が汚れたのでハンカチを湿らせて応急処置、店員がすてきだったので水をたくさん飲んで会話のチャンスを増やすなど、人によっては20個ほど出てきます。

この質問は発想テストのようですが、正解があります。「この水だけ無料」というのが答えです（お店によっては、水も有料の場合がありますが）。

実は質問をしたときにビジュアル・バイアスを掛けています。日当たりの良い窓際、白いテーブルクロスなどと言われると、頭の中に映像を思い浮かべてしまいます。そして、いったん映像を思い浮かべると、そのビジュアルによってバイアスが掛かります。これで、ほとんどの人は目で見える範囲のことしか答えられなくなってしまいます。

そうしたバイアス下にありながら、「ここだけ無料ですね」などと答えられる人は、ビジュアル・バイアスから自力で脱することができています。視点を飛ばせる、稀有《けう》な人です。

結果的に、この質問の正答率はとても低いものでした。数百人の受験者のうち、回答できたのはたったの2人だけです。これだけ出現率が低いと、全員に聞く意味はなかったと言えるでしょう。でも、ちょっとした特殊能力を持つ人を見極められたので、個人的には意義深い質問だったと思っています。

71 部下のキャリアビジョン実現で大事にしてきたこと

【質問】

音部さんはたくさんの人の先頭に立って仕事をされていると思いますが、一緒に働くメンバーや部下との接し方で、大事にされていたことを教えていただきたいです。

メンバーの3～5年のキャリア観をヒアリング

会社勤めをしていた頃は、定期的に部下全員と1対1の面接をしていました。それは人事考課のためでもありましたが、むしろ、それぞれのキャリアにおける目的や希望を明確にするための面談でした。人生の長さに比べると、一緒に働く時間は随分と短いものです。とはいえ、せっかく一緒に働くのであれば、メンバーそれぞれのキャリアビジョンの実現に貢献できると有意義です。自分が若い頃に、当時の上司からそうした配慮をしてもらったので、自分も同様の配慮ができるといいなあ、などと思ったわけです。

具体的には、3～5年後のキャリア観を聞いていました。近い将来、キャリア上どうなっていたいのか、話せる範囲で話してもらいます。行き先が明確になることで、この会社のこの部門の、私の部下でいる間に、本人たちがなすべきことや私がしてあげられることが明確になります。

年内に昇進したい人、年内でなくても35歳までにどこそこのレベルまで昇進しておきたい人、マーケティングから出て営業部に行きたい人、むしろ特定領域のスペシャリストになるためのスキルを強化したい人、独立する予定でいる人、転職して別の業界で活躍したい人、海外に住みたい人、家族を優先したいけれど収入も必要な人、定年や役職定年後の生活を気にしている人など、いろいろな方がいらっしゃいました。そうしたキャリア観（キャリアに対するビジョンなので、キャリアビジョンなどと呼んだりもします）によって、この3～5年のうちになすべきプロジェクトや経験、得ておくべきスキルやその方法が異なります。

中には、キャリアビジョンが分からない、という場合も出てきます。社会人になりたての頃や、転職直後で目の前の仕事に没入しているときなどは無理もありません。相談に乗ってきた方々は、長めの週末や休暇などの機会に内省したり、ゆるりと将来を展望したり、好きなことの延長線を考えてみたりして、ヒントを見つけるきっかけを得ることが多かったように思います。

必要な経験を一緒に考える

いずれブランドマネジャーになりたい、といったことであれば、得るべきスキルなどは分かりやすいものですが、どうしたら実現できるかよく分からないキャリアビジョンが出てくることもあります。その場合には、必要と思われる経験やスキルなどを一緒に考えました。そして、現在担当しているプロジェクトから得られそうな経験やスキルと比較します。

現行のプロジェクトを遂行することでスキルを得られるのなら、会社の仕事をしながら自分のキャリアビジョン実現のために進めるので、ウィン-ウィンです。もし今のプロジェクトで得られそうもない経験値であれば、異動を考えるきっかけになるかもしれません。異動先のマネジャーとも相談や交渉がしやすくなります。ひょっとすると、一見したところ現在やっていることでは得られないように見えていたものでも、少し責任範囲を広げたり、あるいは他のメンバーとの関わりを増やしたりするなどして、同じプロジェクトのまま、異なるスキルや経験値を得られるよう工夫できるかもしれません。

そもそも本人がどうなりたいのか分かっていないとうまく貢献しにくいですが、分かっていれば前進のきっかけになれます。皆さんも、いずれ組織を担い、帰属する部下のキャリアへの影響が大きくなったときには、彼らのキャリアビジョンを理解する機会を持ってみてください。

第5章

スキルの扉

Door of

Skill

72 「パーセプションフロー・モデル」が起点のモノづくり

【質問】

「パーセプションフロー・モデル」についての本、『The Art of Marketing マーケティングの技法』（宣伝会議）を拝読させていただきました。製品を開発してからパーセプションフロー・モデルをつくるのではなく、反対にパーセプションフロー・モデルに描かれたブランド体験を満たす機能を考えて製品を開発すると、マーケティングROIなどを良くすることができるのではないかと考えました。実務でもそうした活用のされ方をしているのか気になります。

消費者へのベネフィット起点か、製品起点か

拙著を読んでいただき、ありがとうございます。実務でそうしたオペレーションはありますが、少数派です。歴史的に、ほとんどのメーカーはモノを開発し、モノを製造し、モノを販売して、モノを買ってもらうという、モノ中心のオペレーションを続けてきたので、そうした組織構造や手続き制度が確立されています。よほどマーケティングを大事にしている会社でも、まずモノができる、という順番が一般的だと思います。もちろん消費者のニーズなどを理解した上で開発しないと買ってもらいにくいので、消費者調査などはなされていることが多そうです。消費者を基軸にしたオペレーションが浸透していくと、消費者に訴求すべきベネフィットを起点に製品開発するブランドも増えてくるだろうと想像できます。

例えば紙おむつの「パンパース」は、そうした製品開発をしていたブランドの好例かもしれません。2000年代の前半には、Caring for your baby's developmentという考え方をブランドの中心に据えていました。モレないとか、ムレないといった紙おむつの機能というよりも、いかに赤ちゃんの成長をケアするか、という観点で製品開発が進められていました。反対に、「何だかいいモノができちゃったんだけれど、何とかうまく売れないか?」と、製品を起点に、市場創造を実現した例の1つはファブリーズです。どちらのアプローチがい

い悪いということではありません。いいモノができちゃったのなら喜んでもらえる方法を考えればいいし、より良い暮らしにつながるベネフィットを考えついたのであれば、それを実現する製品を開発すればよさそうです。

73 価格は機能なり「値上げ」を消費者に伝える良い方法

【質問】

原料高で値上げをすることになりました。消費者に対して、どのようにコミュニケーションすべきか、あるいは積極的にしないほうがいいのか、アドバイスを頂けますか？

悩んだときの処方箋は「目的の明確化」

新型コロナウイルス禍や戦争といった世界情勢の変化が生産、物流などに大きな影響を与えています。ニュースでも物品の値上げが頻繁に取り上げられ、企業やブランドからの値上げに関する告知を耳にする機会も増えてきました。長らくデフレ下にあった日本市場では、消費税率の変更を除けば、多くのマーケターにとって値上げは初めての経験でしょう。自分が担当するブランドにその必要が迫ったとき、どのようにコミュニケーションをすべきか、悩ましいものです。

いくつものブランドが値上げのコミュニケーションをしていますし、上司から「コミュニケーションを考えてみて」などと指示されると、果たしてコミュニケーションすべきかどうか、どのような内容をどういった方法でいかに伝えるか、などと考えることに集中しがちです。いずれにしても、目的が曖昧なままあれこれ思案してみても、そもそも何から考えればいいかよく分からず、考えたところで良しあしの判断も困難です。

悩んだときの最初の処方箋は「目的の明確化」です。そこで、この問い自体を問い直してみましょう。

「コミュニケーションすべきか否か」や「どのようにコミュニケーションするか」以前に、「そのコミュニケーションによって実現したいこと」を明らかにできれば指針ができます。価格を上げた後、顧客や消費者にどのように感じてもらえればいいのか。もし値上げのコミュニケーションの必要が感じられるなら、どのような認識（パーセプション）を確立したいのでしょうか。

「目的を明示できれば、問題の半分は解けたようなもの」という意味の格言もあるように、実現したいことが明確になっていれば、実行する方法もずっと考えやすくなるだろうと思います。期待される感情や認識が自然に実現されるのでないならば、マーケターからの働きかけ、つまり、目的を実現するためのコミュニケーションが必要です。

では、どのような目的が考えられるでしょう。

想定されるコミュニケーションが流通業者向けであれば、一般に次の2つが目的になると思われます。

①新しい納入価格や納入単位などを理解してもらう
②建設的な協働関係を維持する

新価格や荷姿などの変更を明確に、そして端的に伝え、必要に応じて値上げの背景や自分たちのパーパスやビジョンなどをご理解いただくことが主な方針となりそうです。

もし流通業者ではなく、消費者向けのコミュニケーションを意図しているのであれば、次のような目的が考えられます。

①ブランド体験を通した高い満足を維持する

②継続的な愛用や愛着を維持・強化する

値上げのコミュニケーション以前になすべきことがあるなら、そちらを優先します。例えば価格に見合った満足や体験、つまり価値を提供できていることは大前提です。値上げの背景には、諸原材料や物流などの高騰による原価の上昇があるでしょう。そうした状況下でも製品性能や機能で妥協せず、高い満足と愛着を維持するためには、値上げが不可欠になったのだろうと想像します。であるならば、そうした理解を促す内容と伝達方法を考えるべきでしょう。

値上げや容量の変更といった価格に関するマーケティング活動に際しては、消費者が体感するベネフィット（便益）と価格との関係をうまく整理できると有意義です。値上げはネガティブに捉えられることが多いですが、いくつかヒントを考えてみましょう。

価格が提供するベネフィットを意識する

長期的なデフレの市場環境下では、価格をうまく下げることで成長したブランドがいくつも生まれました。海外などに安く生産できる体制を構築し、価格競争力を武器に成長した世界的企業もあります。成分や性能などの製品属性で競合ブランドと肩を並べつつ、価格が下をくぐることでシェアを奪う、という方針の単品D2C（Direct to Consumers、企業が自社ECなどを通して消費者に直接販売する取引）企業も目に付きます。

いずれも、「いい商品」とは「価格が安い商品である」ことを掲げているようです。こうした「低価格こそが正義」という立場からは、価格はブランドの「ベネフィット（便益）」のように見えるかもしれませんが、価格はそもそも「機能」です。

低価格という「機能」が提供している「ベネフィット」は、「買い物上手で賢く暮らせる」や「得することで優越感や達成感を得られる」、あるいは「損をしないことで安心できる」などと理解できます。物理的な「機能」として価格が高くなったとしても、認識される「ベネフィット」に着目することで、満足の度合いを維持したり、強化したりする方法は工夫できそうです。

買い物上手で賢く暮らせているのは、購入単価が安いことだけが理由とは限りません。そもそも価格の解釈も、1個当たり単価だけでなく、期間当たり単価、容量や回数当たり単価、消費人数当たり単価など様々です。

また、顕在化していなかったベネフィットに新しく気付いてもらうことで、価格の上昇以上に魅力度を高められることもあります。既存のロイヤルユーザーがブランドに満足している理由などをよく理解することで、そうしたベネフィットの発見につながるかもしれません。消費者インタビューや、アンケート調査結果などを見直してみましょう。

価格を捉える消費者の自我を意識する

自分たちの実際の行動を振り返ってみると、家にいるときなどには、329円と334円の差に悩まされることはほとんどありません。基本原則として安いほうを好みがちですが、この程度の価格差が選択や消費行動に影響を与えることはまれです。きっと、金額以外の選択基準が採用されるでしょう。

ところが、店頭ではこの5円差に選択を迷ったり、買い控えたりすることがあります。ショッパー（購買者）の気持ちからすると、価格の影響は甚大です。1円でも安く買うことは、ショッパーにとって重要な基準だからです。同じ人物でも、母親や夫といった家庭での役割、会社の中でのビジネスパーソンの立場、自身の嗜好に基づいて生活を楽しんでいる自分自身など、ショッパーとは異なる「自我」を持っています。それぞれの「自我」によって、価格を含めた諸要素の重要度が変化します。

自分の消費行動を振り返れば、こうした傾向を観察できると思います。古典的な消費者理解では「自我」が意識されることはまれですが、消費行動やブランド認識などに大きな影響を与えていることは自覚できます。価格の側面においても、消費者行動の仕組みの理解を助けることが少なくありません。ユーザーがブランドを選択し、継続的に使う際の「自我」を理解することで、今までにない気付きがあるかもしれません。

しばらくの間、様々な領域で値上げを余儀なくされると思います。ブランドと消費者についての理解を進め、機能としての価格のみに依存するのではなく、ベネフィットに立脚したブランド体験や愛着を創造していきましょう。

74

「関係強化＝仲良し」は、浅薄な理解である

【質問】

飴などの菓子を提供するメーカーで、マーケティング関連の仕事をしています。ドラッグストアなど小売業と関係を強化する上でのポイントがあれば、アドバイスを頂けないでしょうか？

営業トレーニングで気付いた勘違い

ドラッグストアなどの法人クライアントとの関係強化と言えば、自社と取引先という企業間の関係の話でありつつ、担当バイヤーさんやその上司の方との関係でもあります。相手が

企業であれ、個人であれ、それぞれ目的の達成に役立ちそうな提案をする、というのは普遍的にうまくいく考え方の1つです。

私が最初に勤めた会社では、マーケティング部門の担当者がブランドマネジャーに昇格する前に、数カ月間の営業トレーニングを受ける必要がありました。それまでは取引先との関係強化と言えば、親しく声を掛け合い、時には飲みに行ったり、一緒に遊びに行ったりして友だちになることだと勘違いしていました。「関係強化≒仲良し」という浅薄な理解をしていたわけです。腕の立つ営業の多くは、取引先と仲良しに見えるので、「いい営業とは人好きなのだ」とさえ思っていました。

物事をよく分からない間は、見えるものをそのまま認識しがちです。人付き合いがあまりよくない私には、いささか気が重いトレーニングでもありましたが、何日も営業と行動を共にするうちに、重要なことを教えてもらいました。

「関係強化≒仲良し」という誤認は、ブランドマネジメントをよく知らない人が「ブランドマネジメント≒いい感じの世界観づくり」と誤認するのに似ていると感じました。いいブランドの多くがすてきな世界観を持っていますが、いい世界観をつくればいいブランドになるわけではありません。ベネフィットに立脚した「意味」をターゲット内に確立することが必要です。意味が確立された結果、持続的な利益が生まれたり、いい世界観がつくられたりします。

これと同様に、いい営業の多くが取引先と良好な関係を築いていますが、仲良しになればいいというわけではありません。取引先が目指す目的の達成に貢献することが必要です。取引先の目的達成に貢献した結果、自分たちの目的も達成され、より良い関係がつくられます。

担当バイヤーの興味を引く大切なこと

担当バイヤーが現在何を目指していて、上司から何を期待されていて、部門の目標に対してどのような進捗で、今期の最大の課題をどのように捉えているか。そして、大事なこととして、「何が起きたら、そのバイヤーは昇進や昇給といったキャリア上の目的を達成できそうか」。こうした事情をくんだ上で提案すれば、おのずとバイヤーの興味を引くことでしょう。とても論理的で明確なアプローチですが、私は仲良しだから話を聞いてもらっているのだと勘違いしていたので、目からうろこでした。

個々の担当バイヤーの具体的な目的に対しては、自社のそれぞれの営業担当がうまく接してくれていることでしょう。マーケティング部門として、取引先企業の全体を見渡したとき、当該カテゴリーに期待されることや、彼らが考える比較対象（ベンチマーク先）などをうまく把握できると、全国レベルでも取引先の目的達成に対して貢献する、気の利いた販促活動や制度改革につなげられると思います。

売り上げを伸ばし、利益に貢献するのは基本的で汎用性の高い活動ですが、取引先企業に固有の課題や目的達成を支援できると、前述のような活動を担当バイヤー個人だけでなく、企業全体に対して提案できそうです。おのずと関係は良くなると思います。

お気付きのように、この考え方はドラッグストアチェーンとの関係構築に限ったものではありません。協働関係にある組織とうまく連携し、建設的な関係を構築する際に、普遍的に応用しやすいかもしれませんので、当てはめてみてください。

75 広告会社やＩＴ会社と良い関係を築くための大事な話

【質問】

広告会社やＩＴソリューション会社などのパートナー企業と、良い関係を築くためのコツはありますか？

クリエイターの力を１２０％出してもらうコツ

私自身、多くの広告会社やパートナー企業と協働してきましたし、そうした会社の顧問やアドバイザーなどをすることもあります。連携や協働の仕方については多様な考え方があると思いますが、経験に基づいた協働のヒントをお話ししたいと思います。

駆け出しの頃、初めて広告会社と一緒に仕事をするに当たって、大先輩から大事なアドバイスをもらいました。

「クリエイティブの開発ではクリエイターの士気の高さはとても重要な変数だ。仕事だから手を抜くことはないけれど、持てる力を120%出してもらうにはコツがいる」

どのようなコツだろうと身を乗り出したところ、「ま、他の仕事でもそうなんだけれど」と続き、動機づけの話と理解しました。動機づけであれば、消費者に欲しいと思ってもらったり、部下たちが奮起できたり、上司たちが支援してくれたりするのとよく似ています。自分を信頼してもらい、本人たちがブランドやプロジェクトを自分ゴト化できることが重要です。同時に、スイッチはそれぞれ異なります。

「広告やプロモーションのクリエイティブ担当者は、広告会社の社員であるのと同時に、1人のクリエイターでもある。社員としての立身出世だけでなく、クリエイター個人として評価されることも意識していることが多い。その思いに応えるのに、広告賞というのは分かりやすい。受賞につながりそうなプロジェクトにときめくクリエイターは少なくない。チャンスがあれば、賞を取れるような手助けを心がけるといい。難度は高いが、意義は深いぞ」

ブランドのマーケティング予算を使っている以上、賞のために広告をつくっているのではありません。とはいえ、ブランドを成長させつつ賞も取れるなら、そのほうが上等です。実際、いくつかの広告賞は、高い確率でビジネスへの貢献も示唆されています。心に響き、積極的に見たくなる広告であれば、そうでないものよりもコミュニケーションの効率は良さそうです。同じ投下量でも、パーセプションへの影響力が強いでしょう。

楽しいだけでベネフィットにつながらない作品は、ブランド広告として最適ではありませんが、魅力的なストーリーがブランドのベネフィットにつながっているなら、ビジネスの成長に寄与しないわけがありません。感情を動かす広告のストーリーは、ブランドのベネフィットを「人と人の間」に配し、両者の関係を改善するものであることが少なくありません。つまり、人間のインサイトに立脚し、ブランドのベネフィットを共感しやすく表現できている、ということです。主要な広告賞の受賞作品集などをご覧になると、そうした構造の作品を見つけられると思います。広告賞は奇をてらった表現の成果というよりも、むしろ正攻法の延長線上で獲得できるように思われます。

広告会社と一緒にビジネスの成功を求め、クリエイティブと一緒に賞を狙うというのは、意義深いアドバイスでした。ブランドを直接マネジメントしていた頃、ビジネスの成長に加えて複数の広告賞に恵まれたのは、このアドバイスのおかげでした。

相手が昇進するために貢献できることを考える

ブランドマネジャーになる前に、数週間～数カ月の営業研修が2回ありました。毎日営業社員に同行して、営業として活動します。そこで先輩が教えてくれたことの1つが、取引先の担当者の動機を理解することでした。

「彼・彼女が次の段階に昇進するためには、今の立場で何を達成する必要があり、そのためには自分たちがどのような貢献ができそうか考えろ」というアドバイスです。彼・彼女の出世に役立ちそうなら、きっと担いでくれるというのです。とても合理的であると同時に、実に人間味にあふれたアプローチです。

ここでも「売るのではなく、欲しくなってもらう」というのは、消費者への対応と同じです。それまで「営業は取引先に商品ではなく自分を好きになってもらって、それをきっかけに商品を売るのだ」とどこかで聞きかじった話を信じていましたが、実情はいささか異なっていました。その先輩は取引先に気に入られてもいましたが、それは必ずしも人間性だけではなかったのだと思います。取引先の担当者にとって役に立ち、彼らのキャリアに不可欠だと思われていたのでしょう。

このラーニングは、広告会社やITソリューション会社との協働でも有効に機能します。正面の担当者や責任者に、何が起これば彼・彼女のキャリアの成功につながるでしょう。そのために自分たちができることは何でしょう。

目の前に売り上げや利益、プロジェクト遂行の責任があり、自身と部下たちのキャリアを背負い、加えて取引先のキャリア展望まで想像するのは大変なことです。なかなか全部はやりきれませんが、「何を意識すればいいのか」を教えてもらいました。

活動全域を俯瞰する全体設計図が不可欠

動機がなければそもそも協働しにくいものです。しかし、動機だけで十分な連携ができるほど簡単な世の中ではなくなってきました。消費者との接点が多様化したことでマーケティング活動が複雑化し、協働し連携するパートナーも急速に増加しているからです。

ソロのアドリブの弾き語りなら楽譜は必要ないかもしれませんが、合唱団を交えた交響楽団には楽譜は必須です。ひと昔前、テレビが主流だった頃のマーケティングはテレビに合わせて店頭や雑誌広告が追随していくことで、全体最適がなされていました。今ではそうした役割を担えるテレビ広告を用意できるブランドは、そう多くありません。

多様化し複雑化した環境下で、効果と効率を担保するためには、マーケティング活動全域を俯《ふ》瞰《かん》する全体設計図が不可欠です。全体図があることで、各広告会社やソリューションパートナーは、消費者のパーセプションの変化のどの部分を担当するのか、明確に理解できます。こうした構造的な理解を共通言語として共有することで、各社との連携を仕組み化できます。楽譜があることで複数の楽器が合奏できることに似ています。

76

使用体験に依存しない腕利きマーケターが見ているもの

【質問】

自分がその商品のターゲットではない場合に、どのようなことに気を付けてマーケティングを行っていますか？

体験ベースの危うさ

入社1年目の頃は、自分で使えないものはうまくマーケティングできないだろう、と思っていました。「自分で使えなかったら使用実感を得られないだろうし、使いもせずに何が分かるものか」というわけです。この考え方は、裏を返せば、自分で使ったことしか想像も理解もできないという素朴な前提に立っていたと言えるかもしれません。

直接自分で体験することを一次体験といいます。対して、誰か他の人の体験を間接的に得ることを二次体験と呼びます。二次体験を通して理解を進められることは、世界の拡張に通じます。言語があり、想像力があれば自分で体験していなくても、二次体験から学ぶことが増えていくからです。消費者理解も、少し似ているように思います。直接的な一次体験がなくても、そのパーセプション（認識）や行動を理解できるようになるでしょう。

消費者、すなわち消費行動をする人間をうまく想像できないうちは、自分の一次体験を消費者理解のよすがとして使わざるを得ません。自身の経験そのものや、その経験の延長線上に消費者を想像します。何もないよりは全然マシですが、これは少しばかり危ういアプローチであることにもすぐにお気付きになるでしょう。マーケティングを担当している以上、素の状態の自分はマーケティングの担当者であって、消費者を代表するものではないからです。

売ろうとする意識が、買おうとする気持ちの理解にバイアスを掛けることがあります。「このブランドを使わないのはなぜですか?」といった質問をしてしまうのは、「こんなに素晴らしい商品なのだから、きっと買わない理由があるに違いない」と想像しているからでしょう。これは、売り手の気持ちで買い手を理解しようとする典型的な陥穽《かんせい》の1つです。自身を振り返ってみれば、ほとんどの場合、買わない理由があるのではなく、買う理由がないのです。買わない理由を聞かれても、そもそも質問がおかしいのでまともに答えられません。

ベテランは一次体験をどう使う？

ある程度経験を積むと、質的・量的な消費者調査の結果などから、客観的に人間のパーセプション（認識）や行動を把握して、これから起きそうな変化を想像できるようになっていきます。この段階では、自分自身の使用体験を消費者理解のサンプルとして使う必要がなくなります。むしろ、様々なバイアスを避けるために、意図的に使わないことも出てきます。この段階にあるマーケターたちは、上司や他部門、取引先など、説得したり合意したりすべき相手が多く、客観的なデータが必要となってくることも理由の1つでしょう。一次的な使用体験をするのは、消費者理解のためというよりは製品理解のために行われることが多いかもしれません。

いずれ風雪を経たベテランになると、自身の体験を一般化して、大規模な消費者調査を割愛できるようになるかもしれません。老練の漁師が天気予報を見なくても翌朝の潮の様子を想像できるように、経験豊富なマーケターが消費者調査に頼ることなく変化を見通すことはあります。漁師の天気予報が外れることがあるように、マーケターが消費者を見誤ることもありますが、迅速な判断が必要な場面においては役立つことも多いと思います。

質問に対する答えとしてまとめると、マーケターとして進化の途上にある段階と、大いに経験を積んだ後では、自身の一次体験としての使用経験は消費者理解の役に立つように思います。同時に、ブランドの中心的なプレーヤーとして活躍する多くのマーケターたちは、自身の体験によらず、消費者を理解する技術を身に付けた人たちが多いように思います。

「人間」である消費者を理解するコツ

では、自分の体験に依存することなく消費者理解を進めるマーケターたちは、何を見ているのでしょう。カテゴリーやブランドによって様々な要素が追加されますが、基本的には、①誰が消費者か、②何がベネフィット（＝使っている理由）か、③その結果、どの商品と競合しているか、の3点は常に重要です。

とても大事なことに、消費者は便宜的に「消費者」と呼ばれているだけで「人間」であることを忘れてはいけません。いかにも「20代男性」な人生を送っている20代男性は、生活が多様化した現代ではあまりお目にかかりません。「20代男性」という記述には、親元から学校に通う20歳の大学生から、昇進試験を目前に2人目の子供の誕生と家の購入を控えた29歳のサラリーマンまで含みます。この29歳のサラリーマンは20歳の大学生よりも、似たような境遇にある43歳のサラリーマンのほうが、消費に関わる傾向などが似ているかもしれません。

何を大事にし、どのような関係の中で、どのような生活を送っているのか。ライフスタイル、ライフステージ、人生の価値観、大事にしている人間関係などに着目すると、ずっと有意義なターゲット設定をしやすいことが多いです。ターゲット設定というのは、ブランドに愛着を持ってくれそうな「お互いによく似た人たちをグループ化していく」作業だからです。

消費者理解に関連して、もう1つ注意すべきことがあります。消費者一人ひとりの行動を観察したり、彼らに質問したりすると、論理的に考えた結果には思えないことが少なくありません。自身の購買を振り返っても、まるで論理的な説明などできそうもない消費行動がたくさんあります。たまたま、何となく、気が付いたら使っていた。そもそも、使っている物の名前だって怪しいものです。それに、質問者に説明する義理もなければ、いちいち覚えているほど余裕もありません。

こうした経験をもって、「どうせ消費者は論理的に考えているわけでもないから、マーケター側も、あまり考えても意味がない」などと結論付けることがあるでしょう。1つのアプローチかもしれませんが、別の視点から眺めると、このように偶然に左右されているような消費者行動も、間違いなく自然現象です。超常現象ではありません。自然現象である以上、論理的に行われていなくても、論理的に説明したり、推論したりすることはできます。動植物の生態や天候の変化などは、主体が論理的に考えているわけではありませんが、観察者は論理的に説明できます。消費者行動も同じです。本人たちは論理的に考えていなくても、自然現象なので論理的に考えれば分かることも少なくありません。

77 「マッコウクジラの気持ち」を言い当てるプロのすごさ

【質問】
音部さんとマーケティングとの出合いはいつですか？

なぜ深海の感覚をリアルに説明できるのか

第2章の「大学1年生で受けた『マーケティング論』の衝撃」（第2章㊱）にマーケターを志したきっかけを詳しく書いていますが、学部生の頃の選択必修科目として受講した「マーケティング論」の授業がとても面白かったのが、マーケティングとの最初の出合いです。入学直後の大学1年生の頃ですから、マーケティングを将来の職業として意識していたわけではないと思いますが、毎週の授業は刺激的でした。

　学生の皆さんもお読みになっていると思われるので、立派な学者の話をしておきたいと思います。マーケティングを研究する学者を、クジラを研究する学者に例えてみましょう。実務家出身の先生などは、本人が半分クジラみたいな感じです。深海まで潜ったときの感覚は、寒いのか、冷たいのか、むしろ重いのか。クジラ（＝マーケティングの実務家）として経験してきたことを人間の言葉（＝アカデミア）で説明するので、分かりやすく理解できそうです。

　最初から学究の道に入られている先生方は、そもそもクジラじゃありませんから、深海に潜ったときにどういう気持ちになるか実感としては知らないはずです。ところが、一部の極度に洗練された学者の先生は、水深２００メートルのマッコウクジラの気持ちを的確に言い当てたりします。経験したことがないのに、あたかも直接経験してきたように説明できるのです。実務家との丁寧な対話によってか、肥沃な想像力があるのか、どうしてこんなことができるのか分かりませんが、そうしたプロフェッショナルのすごさを何度か経験しています。

　マーケティングも人間の営みの１つです。優れた学者がこうした精度でマーケターの気持ちを想像できるのは、彼らが人間の営みを深く正確に理解することで、マーケティングに従事する人々の感覚を疑似的に体感されているからかもしれません。マーケティングも、人間理解の学問の１つであると実感します。

78 どうすれば売れるのかより「買いたくなる理由」を探せ

【質問】

売り上げが縮小している物の売り上げを伸ばそうとする場合、どのようなアプローチをすべきでしょうか？

「買ってくれている人」とよく似た人にアプローチ

売り上げが縮小している原因を売り方や売り物に求め、それらを研究し、改善するのも1つの方法です。同時に、売り上げは売り方と売り物で構成されるのではなく、買ってくれる人で構成されると考えるのも道理です。特に持続的な成長を期待するブランドマネジメントにおいては、とても大事な考え方です。「どうすれば売れるか」よりも「どうしたら買いたくなるか」、研究してみましょう。

持続的に売り上げを伸ばすためには、今買ってくれていない人に買ってもらう必要があります。そこでついノンユーザーへの調査をしたくなるかもしれません。では、次に買ってくれる1万人はどのような人たちか。きっと今のユーザーによく似ているけれど、まだ使っていない人たちではないかしら。であるならまずは、既に愛着を持って使ってくれているユーザーを理解することです。ユーザーはどんな人たちで、どのようなライフスタイルで、どういった価値観で人生を生きているのでしょう。そしてブランドのどこを気に入ってくれているか、彼らが感じるベネフィットは何か。ブランドの愛用を通して、誰かとの関係が改善しているかもしれません。自分なりの、特別な使い方を工夫していることもあります。その工夫で愛着が増し、「私のブランドだ」という印象が強くなっているかもしれません。

愛着を持って使っているユーザーと、彼らが感じているベネフィットを理解したら、よく似た人を探します。そしてその人に、ブランドを使うことで得られるベネフィットや、固有のブランド体験を紹介してみましょう。売れる売り方や、売り物の改善を通して売り上げを回復するのもやり方の1つですが、買いたくなる理由をうまく提示することで、高い確率で愛用者になってもらうのも効果的です。きっと立派なブランドに成長していくと思います。

79

PDCAを回したければ「連続性」を意識する

【質問】
マーケティングでは、どのようにPDCAを回すのが有効でしょうか?

繰り返しの中にもラーニングを求めること

PDCAは、もともとの計画に対して、実行の程度を確認し、修正し、再度実行するという改善のサイクルを指しています。PDCAが有効なのは、今年の結果から学ぶことで来年の成果に影響できるという前提が機能する領域です。Plan Do Checkしても、次のActionが発生しないような、1回限りの事象にPDCAは適用できません。

このように理解すると、ＰＤＣＡを回すには、繰り返しの中にラーニングを求め、去年の結果から来年の改善を企図する意思を持つことが大事だと分かります。今期今月の計画実行だけに集中するのではなく、今年の成果が来年につながる連続性を意識することで、ＰＤＣＡが回る文化の醸成につながっていくだろうと思います。

80 製品の市場導入までの時間

【質問】

新商品を市場に導入するまでに、どのくらいの時間と費用がかかっているのでしょうか？

「商品開発そのもの」のほかにかかる工数

「知り合ってから結婚するまでどのくらいの時間と費用がかかるのか」という問いに対して、平均値は計測可能かもしれませんが、個々の事情への最適解はなさそうです。「新商品を市場導入するのにどのくらいの時間と費用がかかるのか」という問いも同様です。参考にはなるかもしれませんが、各案件に適用する意味はあまりないかもしれません。一口に新商品といっても、パッケージのデザインを変更しただけ（それでも大変な労力を使うことが少なくありません）のものから、世紀の新技術と大型の工場投資を必要とするものまで、様々です。「半年で何とかしろ！」という時間軸指定のものから、「5年以内に導入できるようがんばろう」というペースのものまで、いろいろです。

その昔、子ども用の紙おむつの新商品開発に、6～8年もかかっていた事案がありました。自動車が4年ごとにフルモデルチェンジをしていたのに、パーツも随分と少なそうな紙おむつの開発に、どうしてそんなに時間がかかるのか不思議でした。

しかし、紙おむつの製造は、極限まで効率を高めた工場で製造しているため、新商品開発となると工場の製造ラインを新開発する必要があったのです。製品の設計はできていて、小ロットで作成した試作品は良好なのだけれど、高速で正確に大量生産できる製造ラインがないと商品化できません。さらに、紙おむつの製造ラインは、ものによってはほとんど工場一棟を占めるほど、実に巨大な代物です。紙おむつの開発だと思っていたのですが、実は工場をまるごと開発するプロジェクトだったわけです。このように、製造や原料などにいたるバリューチェーン全体を考えると、新商品を市場導入する期間は実に様々です。

とはいえ、身の回りで日常的に使う製品などの場合、アイデアから市場導入まで、6～24

カ月以内に収まるものが多いように思います。1年程度でできるのならば、競合の活動など市場の動向を見てから大急ぎで導入しても、そこそこ追随するのに間に合うことが多いでしょう。

81 意見が合わない相手と分かり合うためのテクニック

【質問】

当社は地域のパン屋さんが抱える課題をＩＴと冷凍技術で解決し、パン業界のデジタルトランスフォーメーション（ＤＸ）を推進する企業です。１人で切り盛りされているような、おいしいと評判のパン屋さんに当社の技術を使った冷凍パンやＥＣサイトを活用してほしいと思っているのですが、「うちのパンを冷凍するのか？」「ＥＣをやる必要はあるのか？」と理解してもらえないケースが多々あります。

私たちのことを知ってもらい、そして良好な関係を構築するにはどうしたらいいのか、悩んでいます。タッチポイントが限定的な法人・個人事業主に対して、どのようなことを意識して、コミュニケーションを設計していくとよいでしょうか？

論理的な見解の相違も「目的」と「資源」で説明できる

相手が会社でも個人でも、意見が合わない理由は大体2つです。1つは、それを実行する手段や認識が合っていないときです。同じことをやろうとしていても、一方は「楽勝でしょ」と思っているのに、他方では「そんなことはできない」と思っている場合。つまり「資源」の認識が異なる場合です。

もう1つは、そもそもやろうと思っていることが合っていない場合。つまり、「目的」が異なる場合です。戦略を立てる際の構成要素は「目的」と「資源」の2つしかありません。感情的な反感ではなく、論理的な意見の相違はこの2点の相違で説明できることが多いと思います。

今回のご相談に当てはめてみましょう。質問にあった「うちのパンを冷凍するのか？」は「資源」の問題だと理解できます。なぜなら、パン屋さんは冷凍技術という「資源」をまだよくご存じないので、「冷凍したらパンがまずくなる」と思っているからです。「凍らせてもパンがまずくならない」冷凍技術という「資源」があることを理解してもらえば、きっと合意できます。

もう1つの「ECをやる必要はあるのか？」、これは「目的」です。目的が一致していない場合には、同意できる上位概念まで昇華することで、同意できることが多そうです。逆に、下がっていくとさらに合致できなくなります。極端な話ですが、「全世界や人類が平和でありますように」ということに同意できない人は、あまりいませんね。こうした上位概念を「地域の人々に食べてもらえれば満足。ＥＣは必要ない」と思っているパン屋さんに当てはめて考えてみましょう。

「冷凍パンやＥＣを始めると売り上げがアップしますよ」「経営を安定させることができますよ」と言っても、パン屋さんの心にはうまく響かないかもしれません。結果的には売り上げが上がり、経営が安定するのですけれど、多分、パン屋さんが開業した「目的」はそこではないと思います。

もう少し、目線を上げてみましょう。利益を出さないとパン屋さんを続けられませんが、利益のためだけにパン屋さんをしているのではありません。「これをやると売り上げがアップしますよ」や「これをやると経営が安定しますよ」という、あまりロマンチックではない感じの、もう少しマーケティングらしく表現すると、「パーパス」とあまり関係ない話をされても、そこに同意するのは「嫌だ！」という雰囲気すらあるかもしれません。

どうすればパン屋さんは協力してくれるのか？

では、どうしたらいいか。地域のパン屋さんが何を求めてパン屋さんをやっていて、何を掲げているのか「目的」が同意できるところを考えてみましょう。

例えば、「おいしいパンを作って、そのパンを食べてくださる方々を幸せにしたい」という目的を持っているのであれば、「あなたが作ったパンをファンが食べたがっています。でも、そのファンはお店から100キロメートルも離れたところに住んでいるので食べられません。我々は一緒に解決策を探せます」というのはどうでしょう。

これを聞いたパン屋さんは、「100キロメートルも遠くに離れている人にも、自分のパンを食べてもらえたらうれしい」と思うかもしれません。パーパスに共感できると、協働や連携がしやすくなりますが、目的を同意するのも原理は同じです。

また、今回のご質問では初めにパン屋さんありきのビジネスですが、パン屋さんはお客さんあってのビジネスです。手間暇かけて作ったパンを売る地域のおいしいパン屋さんは、特に地元のお客さんを大事に思っているかもしれません。そうであれば、そこに「目的」を持っていくのはありだと思います。

例えば、地域のパン屋さんにお客さんの声を届けてみたらどうでしょう。「あなたのパンを食べたいと思っているのに、残念ながら家から遠いので、頻繁には食べられない」とか、「朝ご飯にあなたのパンを食べたいのに、朝食前にお店に行くのは難しい」など、お客さんからどんどん声を出してもらい、それを届けるんです。お客さんにもっと喜んでもらうためのお手伝いができそうです。

パン屋さんにとって、誰がお客さんなのか。あなたにとってのクライアントはパン屋さんですが、その向こう側に「消費者がいる」ということは覚えておくといいでしょう。

82 ブランドとしての世界観をつくるのは誰？

【質問】

社長から「ブランディングって世界観でしょ。デザイナーに任せとけばいいんじゃない？」と言われたのですが、ブランドって、そうやってつくられるものが多いですか？

いいブランドは魅力的なデザインをまとってる？

立派なブランドが洗練されたデザインで表現されている様子はよく目にします。むしろ、強力なブランドが劣悪なデザインをまとった例などは、あまり思いつきません。そこで、「いいブランドとは、すなわち魅力的なデザインがなされていることだ」という認識が生まれたとしても、自然なことでしょう。ブランドマネジメントに携わるまでは私もそうでしたし、実際にそう感じている方も多いかもしれません。

「いいブランド＝魅力的なデザイン」という認識に基づけば、「ブランドを強くするにはカッコ良く美しいデザインが必要で、そのためには魅力的な世界観が不可欠だ。そうした世界観を創出するにはセンスのいいデザイナーやクリエイターに任せるべきだろう」といった議論が出てくるのは必然的です。

こうした考え方を促す文化や風土が、日本の大企業にも見られることがあります。モノづくりを事業の中心に据え、独自のテクノロジーやサイエンス、製品開発や製造技術など製品機能や性能そのものを競争優位として成長してきた企業などに顕著です。

場合によっては、新興企業などに少しシェアを削られたりしていることもあるでしょう。

「あの競合企業の商品が売れているらしいが、我が社の製品が性能で負けているわけではない。彼らの商品に技術的にも目を見張るものはないが、見た目のデザインは優れている。世界観が明確で、消費者もおしゃれで洗練された印象を抱いているようだ。我が社もあの競合と同じように世界観を大事にして、ブランドになるべきではないか」といった議論がなされているかもしれません。

その結果、「我が社もブランドづくりはデザイナーに任せるべきだ」といった方針や、「海外に優れたデザインと世界観のブランドを見つけたので協働を探ろう」といった展開が続きます。

デザイン思考やクリエイターエコノミーも普及

中には、「『デザイン思考』や『クリエイターエコノミー』といった概念もよく聞くし、従来の製品開発や販売企画などとは次元の異なる感性が必要だ」など、似た言葉による概念の混乱や誤解などが観察されるかもしれません。

デザイン思考はデザイン志向と同音ですが、造形や表現といった見た目のデザインを大事にする経営手法のことではありませんし、クリエイターエコノミーはクリエイターの経営参加を意味するものではありません。

デザイン思考は、デザイナーがデザインをするときに使っている試行錯誤などのアプローチを、企業の問題解決などに応用しようという考え方です。一方のクリエイターエコノミーは、個々人の情報発信などによって形成される経済圏のことです。いずれもブランドの世界観に関する議論と直接関係しているわけではありませんが、「デザイン」や「クリエイター」

という言葉の露出が高まっています。また、デザイナーやクリエイターと呼ばれる方々の話を聞いたり、お会いしたりする機会が増えてきている印象もあります。そうして、何となく、デザインやクリエイターを巻き込んだほうがいいような気分になっていくようです。

では、果たしてブランドはクリエイティブな世界観の表現に立脚すべきものなのでしょうか。

消費者と提供価値を考える

ブランドにはライフサイクルがありません。ターゲット消費者とベネフィットに立脚した「意味」がブランドを構成する主要素なので、うまく管理すれば、人の一生よりも長く存続し、社会に愛され続けることが可能です。ブランドと同じく「意味」を主要素とする言葉は、ライフサイクルがとても長く、長期にわたって同じ意味で使われ続けることに似ています。

混同されやすい概念にプロダクトライフサイクル（ＰＬＣ）があります。プロダクトとは製品のことですが、その主要素である「技術」には新旧交代が生まれるので、多くの製品に宿命的に適用されます。紙おむつの製品そのものは技術革新を通して数年ごとに進化変化していきますが、紙おむつブランドは同じベネフィットに立脚して何十年も存続できる、ということです。

こうしたブランドの長命さは、言うまでもなく、持続的な利益に直結します。ユーザーの使用体験やブランドの広告などを通して「意味」が強化されることで、コミュニケーションの効果や効率が改善し、利益率やマーケティングROI（投下資本利益率）に寄与します。これこそが、ブランドを持つことの意義です。いい感じの世界観をつくっただけでは、この本質的な意義は構築できないでしょう。

そしてブランドの「意味」は、前述したように、①ターゲットとする消費者と、②提供するベネフィットを中心に定義されます。ブランドのベネフィットをターゲット消費者に体験してもらうためには、クリエイティブ表現やUI／UX（ユーザーインターフェース／ユーザー体験）などの具体的なデザインが必要です。提供する相手としてターゲット消費者がいて、提供する価値としてベネフィットがあり、最終的に提供し、伝達する手段としてクリエイティブ表現やUI／UXがあります。

ターゲット消費者とベネフィットで定義する

ターゲット消費者の規模やベネフィットの魅力度は、消費者調査などで客観的に測定できます。予算や労力などを投下する前に成功の確度を高め、振り返りを通して次回に備えることができます。客観的で再現性の高い評価方法があると、経験値を蓄積できます。つまり、回数を経るごとに組織もブランドも強くなっていきます。

センスに基づく世界観やデザインをブランド創出の起点とした場合には、提案されたアイデアを客観的に評価しにくいという点に注意が必要です。個人的な好き嫌いに依存してしまうことが少なくないからです。主観的で再現性の低い評価方法では、経験値を蓄積しにくいでしょう。回数を経ても、成長を感じにくいかもしれません。

ブランドにふさわしい世界観、つまりブランドらしさの手触りやたたずまいをつくるためには、ターゲット消費者とベネフィットでブランドを明確に定義することで、ターゲット消費者像、製品、販促活動、広告表現から価格やチャネルなどに至るまで、一貫性を確立しやすくなります。

表現が先にあり、事後的に主題が決まる芸術作品もありますが、主題があった上で作成される作品も多くあります。天才のインスピレーションに端を発するブランドも存在しますが、消費者理解や戦略にのっとって構築されたブランドは高い再現性を持って、担当者の任期を超えて運営しやすいかもしれません。

今の消費者や世の中の気分をうまく反映させた販促活動や、時代の空気感をあざやかに切り取った広告表現は、過酷な市場環境では大いに歓迎されるべきものです。そして、ブランドの定義が明確であれば、表現は試行錯誤しつつ軌道修正していくことができます。デザイナーやクリエイターに創出される鮮烈な活動の背後に、一貫性のあるブランド定義を持つことで、ブランドの本義である長期的な利益貢献を確立しやすくなるでしょう。

83 クリエイティブ案を評価する「目的」と「基準」

【質問】

音部さんはクリエイティブ案を決めるときにはどのような点に気を付けて判断していますか。当社は一定の量を発信するクリエイティブ表現については、消費者アンケートを取って進めています。個人的な感覚なのですが、「ニーズの顕在化しているワード」や「モデルさんがかわいく写っているもの」に高い評価が付いて、消費者の期待を超えるクリエイティブが出てきづらいのではないかと、いつも悩んでおります。クリエイティブ案はどのように評価すべきでしょうか？

マーケティング活動について3種類のKPIを考える

新製品を発売する季節になると、パッケージや製品を刷新したり、併せて新しい広告をつくったり、新しい施策を立案するといった活動が増えます。シェアを大きく獲得する理由となり、自身の成長も感じやすいので、忙しいながらも有意義なプロジェクトになることが多いと思います。うまく成功させるために、各活動が期待通りに機能するよう、事前に準備しておくことはとても大事です。

広告や販促施策などの各種マーケティング活動のうち、重要なものについてKPI（重要業績評価指標）を設定し、効果測定することがあります。KPIを計測することで「計画が予定通りに進行しているか、否か」を知るだけでなく、「どのように改善すべきか」という示唆が得られると、持続的な改善や成長につながっていきます。

実践的にはKPIを3種類に分類できます。①「消費者のパーセプション（認識）や行動の変化の度合い」に関する指標、②メッセージが受容される度合いや施策の魅力度など「知覚刺激の質」に関する指標、そして③メディアプランの内容や実際の投下量、施策などの展開率や配荷率など「知覚刺激の量や頻度、到達度合い」といった活動の量に関する指標の3つです。

①は消費者の変化についての効果測定です。マーケティングは消費者のパーセプションに影響していく必要があるので、これが最も重要なKPIであり効果測定です。とはいえ、消費者が買いたい気持ちになったかどうかを知るためには調査が必要です。そこで、行動変化で代替することで、時間や労力を節約することもあるでしょう。いずれの場合でも、ここでは消費者の変化を理解します。

1つの課題は、市場で既に起きた（あるいは起きなかった）変化であるという点です。過去の話なので、結果を受けて強化や修正はできますが、事後的になってしまいます。

そこで実際に市場投入する前に打ち手を評価し、事前に最適化しようと、②や③が考案されました。放送や配信の前に広告や動画クリエイティブの評価をしたり、媒体計画を吟味したりすることで、最初から高い成功率を実現しようという考え方です。

消費者のパーセプションの変化を促すために、広告でメッセージを届けたり、販促施策でブランド体験を届けたりするためには、それぞれの活動において「クリエイティブ表現と媒体」や「施策内容と実施計画」が必要です。抽象化すると、これらのマーケティング活動は「知覚刺激」と「メディア」で構成されています。例えるなら、クリエイティブや施策内容などの知覚刺激は消費者に送り届ける「荷物」で、媒体や実施計画といった知覚刺激のメディアはその「配達方法」です。消費者の変化を促すためには、質の高い「荷物」を用意しつつ、その荷物を配達するのに最適な「配達手段」を考えなくてはなりません。

余談ですが、「今回のプロジェクトではテレビ広告をやります」などと、「配達手段」から マーケティング活動を立案することがあるかもしれません。この場合、手段が目的化しがちなので注意しましょう。誰かにプレゼントを送るとき、「今回のギフトはクール便で送ります」という配達手段から考えることは少ないと思います。「肉好きな友人」に喜んでもらうために、「おいしいローストビーフ」を送ろうと思ったら、配達手段は「クール便」になった、という順番が普通でしょう。例外はありますが、マーケティングでも考える手順は同じです。

事前に クリエイティブ案を評価する目的とは

今回の質問にあるように、②の「知覚刺激の質」、特に広告メッセージが受容される度合いを事前に評価する場合は、何に気を付けるべきでしょう。ビジネスで困ったことがあるときや、判断に迷う場面では、常に「目的」を明らかにすることをオススメします。

クリエイティブ案を評価する目的とは何でしょう。本義的には、「消費者に受け入れられ、効果的にパーセプションの変化を促すクリエイティブ表現であることを確認し、コミュニケーション活動の成功確率を高める」といったことだと考えられます。「消費者中心に活動していることのデモンストレーション」や、「万が一、失敗したときに備えて言い訳を用意しておく」という実態があるかもしれませんが、あくまで本義があった上でのことです。

「消費者に受け入れられ」というのは、必ずしも消費者が好きかどうかではない、という点に注意が必要です。消費者が嫌悪し忌避するようなメッセージは、受容されにくいので選ぶべきではありませんが、消費者の好感度が高ければ成功というものでもありません。コミュニケーションが実現すべきパーセプションや行動の変化が、実現されることが重要です。「好感を持ってもらう」のが目的であれば、好感度は1つの指標でしょう。しかし、「新しい課題に気付いてもらう（例えば、すっきり目覚めるためには〝睡眠時間〟ではなく〝睡眠の質〟が重要だと理解してもらうとか、部屋がニオうのは〝洗いにくい布製品〟が原因だと気付いてもらうなど）」のが目的なら、必要なのは好感度ではありません。むしろ、新しい課題を自分ゴトとして、自ら発見してもらうことが重要です。

評価の目的と同様に、このクリエイティブや媒体計画も含めたコミュニケーション全体の目的を確認しておくことも、とても重要です。考え方のヒントとして、「このクリエイティブがある場合とない場合の、世の中への影響の差」を意識しましょう。事前の評価では、「ある場合とない場合の差」を最大化できているかどうかを把握します。計画通りにメッセージが受容され、消費者のパーセプションに正しく影響できているかを計測することで、広告に登場するモデルさんについての好き嫌いや、かわいさの要素についての選好を超えた、本質的な評価につなげられます。

クリエイティブ評価に使いやすい典型的な要素

クリエイティブの目的は多岐にわたりますが、通常のマーケティング活動では、「課題の認知」の段階や、ブランドへの「興味」すなわち購入意向を期待される場合が多いと思います。そこで、典型的な評価項目をいくつか提示しておきたいと思います。クリエイティブが表現するコンテンツそのものの評価として、①視聴後にブランドへの興味や購入意向につながっているか、②信じられる内容になっているか、③視聴に値する新鮮さやエンターテインメントの要素があるか、などを確認しましょう。加えて、④トーン＆マナーはブランドに合っているか、⑤メッセージを理解・再現できるか、⑥数日後でも覚えているか、といったクリエイティブの諸要素についての評価も有意義です。

頻繁に広告を投下するブランドであれば、新しく制作したクリエイティブを過去に制作したクリエイティブとの比較で評価できるよう、知見を蓄積したデータベースを用意すると効果的です。継続的に組織の経験値を高めることにもつながります。

消費者評価が低い場合の処方

広告クリエイティブへの評価が低い場合には、クリエイティブ表現を強化しなくてはなりません。「ブランドホロタイプ®・モデル」などの「ブランド定義書」に示されているベネフィットを的確に描写できるよう、クリエイティブブリーフの精度を高めます。

もし、ブランド定義に示されているベネフィットを的確に表現しているにもかかわらず、消費者の反応が芳しくない場合には、事前に属性の順位転換による市場創造のプロセスを必要とするかもしれません。

84

文化が異なる相手との仕事は、愛嬌と目的がものを言う

【質問】
文化が異なる海外の人たちと一緒に仕事するときのポイントは何ですか？

「目的」と「資源」を知れば、正しく理解できる

どのような仕事をしてきたかといったキャリアのバックグラウンドはもちろん、価値観も文化も全く違う人たちとチームとして仕事を進めていく上で普遍的に重要なポイントがありそうです。

私は「チャーム」か「目的」のどちらかが大切だと思います。

チャームは愛嬌《あいきょう》やかわいげ、あるいは「魅力」という意味です。波長が合う相手であれば、チャームをうまく使ってください。人間的に「好きだ」と思ってもらうことで、一緒に仕事がしやすくなるからです。

残念ながらチャームが機能しない場合、どうすればいいか。私たちは互いにビジネスをしているのですから、「何でやっているのか」「何のためにやりたいのか」という考えを大なり小なり持っています。そうした仕事上の「目的」を共有し合うことで協働しやすくなりそうです。

日本人は直接目的を聞くことを失礼だと思いがちですが、経験的には多くの国の文化では大して失礼ではありません。なぜなら、それを聞くことが「その人が目的を達成するために、一緒に動きたいし支援したい」という意思表示にもなるからです。だから「同じチームなので役に立ちたい」と伝えれば、相手も自分がどうしたいかを話してくれるはずでしょう。そうしたら、相手が示した目的をよりよく実現するために活動し、アドバイスできるかもしれません。

もし彼らの目的あるいは考えている「資源」の限界が分かれば、さらに協働しやすくなります。例えば、相手が時間という資源をすごく貴重だと考えていることを知っていたら、「テストなんかしていられない。一歩でも早く動き出さないと」といった彼らの考えを「リサーチもせずにいいかげんなヤツだ」と思うのではなく、彼らの論理や戦略に沿って正当に理解できるでしょう。まずは相手の目的を理解し、ついでに資源も理解しておくといいと思います。

中途半端に「同化」するな

特に外国で、外国人たちと一緒に仕事をする場合は「郷に入っては、郷に従う」のも重要です。みんなが靴を履いているシーンで1人だけ靴を脱ぐ必要はありません。ただし、完全に現地化すればいいかと言えば、そうではありません。完全な現地化がいいならば、現地の人を雇えばいいわけです。

私がダノンジャパンにいた時、とてもずうずうしいけれど、とても頭の良いフランス人の上司がいました。彼はある日、自分の部下のフランス人についてこう言ったのです。

「お前たちは、何でこんな日本語もしゃべれないヤツを日本に連れてきたんだと思っているだろう。でもヤツの目を通してでないと、お前たち日本人が自然と無意識にやっていることの違和感に気付けないんだ。だから普通にしていたら、自分たちでは気付かないところをヤツに探させろ」

その場にいた全員が大いに膝を打ち、素直に腑《ふ》に落ちました。常識を共有しない視点を通

85

SNSやオウンドメディアの成長をどう定義するか

【質問】

私は福祉事業を運営する企業でインターンをしており、その企業のSNS運用を任されています。今はSNSが立ち上げ段階ということもあり、目の前の発信に注力していますが、これから広報活動のためのオウンドメディアとして成長させたいと思っています。どういうふうに考えていけばいいのか教えてください。

発信することで何を達成したいのか、目的を見直そう

立ち上げ段階を経て、SNS発信の仕方などノウハウもたまってきたことでしょう。さあ、

してみることで、いままで看過してきたことに気付けます。

これは我々が外国人として赴任するときにも適用可能な考え方だと思います。中途半端に同化するのではなく、「この視点あるいはスキルは希少かもしれないので、この分野で貢献させてもらいたいと思います。だから、何かおかしいと思った点は遠慮せずに指摘するね」と最初に言っておけば、みんなが重宝がってくれると思います。

かつてアメリカに赴任していたとき、文化的に妙なことを言っちゃったと思ったら、「I'm sorry! I'm from Mars 🙂（ごめんね。火星から来たんだ）」と言って悪意がないことを示してごまかせ、と教わりました。冗談だったのか、本気のアドバイスだったのかよく分かりませんが、困ったときに使ってみてください。ひょっとしたら、うまく場が和むかもしれます。

これからメディアを大きくしよう、というのが直近のミッションですね。いい機会なので、1歩下がって考えてみましょう。

そもそも、自社メディアやSNSでの発信は何のためにやっているのでしょう。福祉施設の集客か、入所されている方のご家族に安心してもらうための近況報告か、あるいはそこで働く介護士を採用するためか。全部かもしれませんし、どれか1つかもしれません。何のためにやっているか、つまりこのメディアの役割や目的が明確になると、成長を正しく定義しやすくなります。メディアの運用法だけ考えていると、フォロワーを増やしたり、エンゲージメントを高めたりすることを成功の指標に設定するかもしれません。でも最終的な目標は、施設への集客や家族の安心、介護士の採用などを実現することのはずです。

例えば、100万フォロワーで1000人の応募があるほうがより効果的に発信できていると言えそうです。ご担当のメディアが、「見てもらうべき人に見てもらえている状態」です。100万フォロワーを獲得して500人の介護士が応募してくるよりも、1万フォロワーは1万フォロワーよりも上等に見えますが、そもそも何のためだったか、そのためには何が起きるべきか、明らかにすることで、これまで直感的に見えていたのと異なる正解が見えてくるかもしれません。組織や事業全体から見たときのメディアの役割を理解することで、全体最適に貢献する成長を目指すことができます。ぜひ確認してみてください。

86

マーケティングはいかに新技術と向き合うべきか

【質問】

マーケティングは時代の動きやトレンドに合わせて変化していくものだと思いますが、今後どのように変化すると考えられますか。特にデジタル広告に代表される新しい技術が数多く生まれ、それらがマーケティングに取り入れられていくように思います。

トレンドの多くは消費者の変化に呼応して起きる

「デジタルマーケティング」や「マーケティングDX（デジタルトランスフォーメーション）」

という言葉が大いに世間をにぎわせた時期がありました。「それ以前のマーケティングは、絶滅するのだ」と言わんばかりの勢いでした。実際、各社の広告展開にも影響を与えたトレンドであったように思います。

こうしたトレンドを考える上で、デジタルとマーケティングの関係は大事なヒントを教えてくれます。「デジタルマーケティング」や「マーケティングのデジタル化」「マーケティングDX」といった流れは、必ずしも企業のマーケティング活動を起点に始まったことではありません。

始まりは消費者のデジタル化でした。特にスマートフォンの登場と浸透によって、購入や消費を含む消費者の様々な行動が随分とデジタル化されました。SNSに関連した広告、D2C、コンテンツ消費、サブスクリプション（定額課金）、リモートワークは、どれも消費者の日常がデジタル化されたことに起因します。マーケティングのトレンドの多くは、マーケターがつくっているように見えますが、消費者の変化に呼応して起きています。

新技術より体験やベネフィットに着目せよ

国や社会、業界ぐるみで大きな労力や予算が投下されそうな領域や、社会生活の上で変化しそうな事物は、これから無視できない影響をもたらすことでしょう。ＮＦＴ（非代替性トークン）やブロックチェーンを含むメタバース、ＳＤＧｓ（持続可能な開発目標）やＥＳＧ（環境・社会・企業統治）関連、ダイバーシティー（多様性）やインクルージョン（包摂）、５Ｇ以降の通信技術の進歩、それらに加えてＡＩ（人工知能）、教育、高齢化対策などはどれも重要な領域だと思います。いずれにしても、技術そのものが大事なのではなく、そうした技術に人々の生活が適用し、変化していくことが大事です。

こうした変化を把握するためには、とかく新技術や新機能そのものに目が行きがちですが、体験やベネフィット（便益）に着目することが役に立ちます。

例えば、Bluetoothが登場した頃、多くの人々にとっては、何のために短距離無線技術が必要なのかあまり意味が分かりませんでした。しばらくたって、スピーカーやイヤホンがスマートフォンと無線でつながることでケーブルに引っかかることがなくなり、マウスやキーボードがＰＣと無線でつながることで操作の自由度が高まりました。これらの体験を通して、ようやくBluetoothの素晴らしさを理解できたのではないかと思います。

同様に、これからもいろいろな新技術が導入されていき、そして、それらが日常生活を変えていくことでしょう。イヤホンのケーブルがなくなるまで、それが邪魔だと感じたことはなかったかもしれません。しかし実際になくなると、もう元へは戻れません。Bluetoothという機能は、身軽に音楽を聴き、すっきりしたデスクで作業できるというベネフィットを提供してくれました。

新技術の機能にばかり注目するのではなく、そうした機能によって消費者がどのようなベネフィットを体験できるのかを想像してみると、マーケティングのヒントが垣間見えてくると思います。

87 マーケティング視点で考えた、ＤＸが進まない本当の理由

【質問】
「デジタルトランスフォーメーション（ＤＸ）」という言葉がよく聞かれるようになりました。音部さんは、ＤＸについてどのように考えていますか？

そもそも「ＤＸの定義」とは

ＤＸについては、様々な議論が続いています。せっかく質問を頂いたので、少し考えてみたいと思います。

まず、ＤＸの定義を探してみたところ、経済産業省が２０１９年7月に発表した『ＤＸ推

進指標』とそのガイダンス」という文書に、次のような説明を見つけました。
「企業がビジネス環境の激しい変化に対応し、データとデジタル技術を活用して、顧客や社会のニーズを基に、製品やサービス、ビジネスモデルを変革するとともに、業務そのものや、組織、プロセス、企業文化・風土を変革し、競争上の優位性を確立すること」（出典：経済産業省『DX推進指標』とそのガイダンス」）

網羅的で正確な文章ですが、少し分かりにくい印象なので簡潔にしてみましょう。

マーケティング周辺では、顧客や社会のニーズを基にするのは自明です。また、ビジネスモデルはいずれ製品やサービスに影響するでしょう。業務、組織、プロセス、企業文化・風土はおおむねオペレーションと言い換えられそうです。競争上の優位性は競争優位と同義です。

ということで、DXとは「企業がデータとデジタル技術を活用して、製品・サービスや自社のオペレーションを変革し、競争優位を確立すること」と理解できます。

「製品やサービスが変革」されれば、消費者や顧客の満足度が上がり、売り上げの増加につながります。一方、「自社のオペレーションが変革」されれば、同じ労力・費用でもより良い結果が出て、効率が改善され費用が下がります。製品の改良で費用が下がったり、オペレーションの改善で売り上げが上がったりすることもあるかもしれません。ひと言に要約するなら、「DXは、データとデジタル技術で競争優位を実現すること」と理解できます。

モータリゼーションの進展を例に考えてみる

最近では、「DXがなかなか進まない」といった議論を耳にすることもあるでしょう。そして、①エンジニアが足りない、②マネジメントのリテラシーが低過ぎる、などが原因として論じられているかもしれません。

もっともかもしれないし、意外な盲点があるのかもしれません。そこで、進行中の社会変化を考えるに当たって、参考になりそうな先例を探してみたいと思います。

以前、グローバルカンパニーの本社で、イノベーションの実践研究と仕組みの導入に関するプロジェクトを担当していたことがありました。そこでは、人類が経験してきた大きなイノベーションと社会変化の先例として、モータリゼーションの進展についてよく研究されていて、興味深い知見もありました。モータリゼーションについては、様々な学問領域から多様な論説が展開されていますが、消費者のパーセプションや行動の観点からは、次の3点が重要だといった議論がありました。

まず、①インフラの充実です。舗装道路や信号が浸透し、高速道路網の発達がモータリゼーションを推し進めました。道路だけではありません。ガソリンスタンド、自動車販売店、中古車の流通、自動車保険や駐車場などクルマ社会を支えるインフラの充実が不可欠でした。同時に、これらの事業者はモータリゼーションから恩恵を得ることもできたので、相互にポジティブな影響を与えつつ、社会の変化が加速していきました。

同時に、②クルマの運転が民主化されたことも重要です。自動車の側では、車種やメーカーによる運転方法の違いを無くした標準化が進み、技術革新によって運転もしやすくなりました。AT（オートマチック・トランスミッション）やパワーステアリングが標準になり、カーナビや自動運転も進化しました。自動車側とドライバー側の双方の働きかけにより、誰でもかなり安全で快適な運転ができるようになったのです。免許制度が整備されたことで、誰もが運転技術を習得しやすくなりました。自動車側とドライバー側の双方の働きかけにより、誰でもかなり安全で快適な運転ができるようになったのです。ここでも関連する事業者はモータリゼーションから恩恵を得て、消費者であるドライバーもクルマを使うことで便利な生活を得られました。

意外に見逃されがちですが、これらの根底には、③社会的な強い動機がありました。消費者には、「クルマに乗りたい、クルマに乗って出かけたい」という、車で行くべき場所があったのです。友人や取引先と一緒に都会を離れてゴルフや釣りに行き、家族で観光地にドライブに出かける、といったことです。いずれも電車ではサマにならなかったり、不便だったりしました。

このように理解を進めると近年の若者のクルマ離れは、①のインフラや、②の民主化よりも、③の動機が薄くなってきていることが大きく起因していると想像できます。

カーシェアリングを増やしたり自動運転を進めたりすることは、①のインフラの充足につながり、②の民主化を助けるかもしれません。インフラが整って誰でも運転しやすくなることで、あまり動機が強くなくても「クルマに乗る」という行動につなげられる可能性があります。同時に最も影響力が大きいのは、③の「動機の強化」かもしれません。

乗らなくなってきたのは乗る動機がなくなったからだと考えるのは、マーケティング的には分かりやすい視点であると思います。消費者調査ではなかなかうまく明示されないこともありますが、多くのブランドで最も大きな「買わない理由」は、「買う理由がない」です。クルマに乗る理由が乏しければ、どれだけ乗りやすくなっても乗ることはないでしょう。

ＤＸ推進で多くの組織の欠落しがちな視点

さて、ＤＸに話を戻しましょう。モータリゼーションを進めた3点を、ＤＸに当てはめてみたいと思います。

運転しやすい環境を整える際に、社会インフラとして舗装路や自動車の供給網などが拡充されました。デジタル化やＤＸにおいては、データの送受信量を高める5Ｇのような通信技術革新や、センサー技術の進化や、マーケティングサービスの充実によるデータの種類や精度の強化が考えられます。今まで入手できなかった種類のデータや、これまでとは頻度や領域が大幅に増えたデータの授受が可能になってきています。

インフラや環境は早いペースで整ってきました。前述の「デジタルのエンジニアが足りない」というのは、モータリゼーションにおける国産自動車会社の隆盛や、販売店網の拡充（自動車のエンジニアの多くは、メーカーと販売店に帰属しています）に相当するかもしれません。モータリゼーションの発展に自動車のエンジニアは不可欠だったと思われますが、エンジニアさえいれば完成できたというものでもありません。DXもエンジニアさえいれば大丈夫、ということではないと想像します。

民主化、つまり誰でも使える仕組みとして、モータリゼーションでは運転方法の標準化や技術革新が起きました。デジタル化においては、リテラシーが低い人々を排斥するのではなく、そうした人々でも使いやすい技術やUI（ユーザーインターフェース）の強化が望まれるでしょう。運転が得意でない人をサポートするために、自動車の技術は大いに進化しました。街中を走る限りにおいて、極端に運転が下手な人というのは20年前よりも大幅に少なくなっています。縦列駐車も、安全な減速も、最近ではクルマが自動でやってくれます。

これからは、デジタルについても同様のことが発生するでしょう。運転者側では運転免許制度と教習所がモータリゼーションに貢献しました。同様のことがデジタル化においても重要です。日常生活で車を使うために必要で十分な自動車リテラシーが確立されたように、デジタル化についても日常の運用に必要で十分なリテラシーの確立が不可欠です。エンジニアが足りないのではなく、エンジニアを必要としないエンジニアリングが足りていない可能性があります。

自動車の仕組みが分からなくても、運転できることがモータリゼーションにつながったように、一部の担当者だけではなく多くの人々が様々なデジタルツールを運用できることは、きっとDXを加速するでしょう。

そして、モータリゼーションが進む大きな理由に「社会の動機」がありました。クルマに乗って、友だちとゴルフに行きたい。家族と出かけたい——。多くの組織のDXに欠落しがちなのが、この「動機」の部分かもしれません。

「クルマを運転したい」という人が少数派であるのと同じように、そもそも多くの人は進んで「DXしたい」わけではありません。インフラを整え（お金がかかり）、リテラシーを高め（労力を使い）、何ができるようになるのか。この点を魅力的に描いて動機を高めることで、過去にうまく浸透しなかったいくつかの新技術とは異なる結果につなげられるでしょう。

どれだけ高速道路を造っても、どれだけ自動運転が進化しても、行き先がなければクルマには乗りません。大きな注意が必要となるのはこの部分のように思われます。

88

積年の課題、『機動戦士ガンダム』を愛する理由に挑む

【質問】

音部さんもお好きだと思いますが、『機動戦士ガンダム』を好きなマーケターが多いように思います。それは、なぜでしょうか（SNSを見ていると、多いように感じました）。

機動戦士ガンダム好きのマーケターが多い背景

本当にガンダム好きが多いのか、たまたま目に付く人がSNSに投稿しているだけなのか、投稿量は大したことないのに記憶に残るから頻繁に見ている気がしているのか、正確なとこ

ろは分かりません。ファンの絶対量を考えれば、『週刊少年ジャンプ』系のアニメあたりも相当多そうです。あえて投稿しないまでも、『ルパン三世』や『名探偵コナン』が好きな人もいるでしょうし、スタジオジブリ作品の人気も高そうです。

とはいえ、ガンダムと似た感じの作品で言うと、『新世紀エヴァンゲリオン』や『装甲騎兵ボトムズ』や、もう少し遡って『宇宙戦艦ヤマト』が、それほどSNSで目に付かないことを考えると、ガンダムには固有の何かがあるのかもしれません。

世の中にうまく説明できないことはたくさんありますが、「人はなぜガンダムを好きになるのか」の問いにも答えられないことは、個人的に最も残念な課題の1つでした。ついにこの質問が来てしまいましたので、積年の課題に挑んでみたいと思います。

これまで多くの知識人や文化人や哲人が、同じ問いに対し多種多様な回答や解説をされてきました。それぞれ一面をとても正しく言い当てているものの、多くの記述はガンダムに限ったことでもないように思います。例えば、次のような説明です。

- 一方的な勧善懲悪ではなく、自由と正義の相対性を示したから。
- 登場人物たちが社会で成長する群像劇で共感しやすいから。
- 主人公が情けない感じで感情移入しやすいから。

・とはいえ「シャア」に憧れるから。
・モビルスーツのデザインがカッコいいから。
・プラモデルで立体化して作ったり塗ったり飾ったりして楽しめるから。
・同好の士と飲めば時代と世代を超えて盛り上がれるから。
・「ランバ・ラル」だから。
・量産型が多くて戦争の悲哀を描いているから。
・人類の進化の話が閉塞感のある社会に受け入れられたから。
・宇宙の時代だから。
・むしろ、もはや宇宙の時代ではないから。
・音楽がいいから。歌手がすてきだから。
・自立した女性がリーダーシップを発揮していて現代的だから。
・ガンダム好き≒私の好きな人であることが多いから。
・私の好きな人≒ガンダム好きであることも多いから。
・登場人物たちも視聴者側も、共に世代交代をしていく年代記だから。

すぐに思い出すことができ、思いつくものだけでも、こんなにあります。皆さんが好きな理由も入っているかもしれません。あと10分も考えたら、さらに倍は出てきそうです。際限がないですが、いずれも十分条件のように思われます。いくつか固有名詞もありますが、それらは他の作品にも同様の固有名詞が存在するでしょう。

ブランディングの観点からガンダムを語る

そこで文化としてガンダムを語るのではなく、マーケティングのコラムらしくブランディングの観点から考えてみたいと思います。

ガンダムをブランドとして考えた場合、とても分かりやすく重要な側面があります。それは「ガンダムが既に消費者の手に渡って久しい」ということです。

ブランドは、発生の経緯としては創始者や開発者がつくり、法的には商標権を持っている法人や個人に帰属しています。同時に、ブランドは「意味」なので、世の中に確立されると公的な存在となります。法的な所有者であっても、自由自在にいじっていいものではなくなるのです。

このレベルまで進化するブランドは極めて少数ですが、有名な事例がコカ・コーラにあります。米国で過去に一度だけコカ・コーラがその味を変えたことがあり、「ニューコーク騒動」、日本語のウィキペディアでは「カンザス計画」と調べると出てくる話です。

同業のペプシコ社による「ブラインド（目隠し）テストでペプシが選ばれた」という広告アイデアを中心とした「ペプシチャレンジ」というキャンペーンに対抗して、「味でペプシに勝ったニューコーク」という新商品を１９８５年４月23日に新発売します。そして、すぐにファンから猛反発と猛抗議を受けることになります。「我々のコークの味を勝手に変えるな」というわけです。

それを受け早々に、約３カ月後の１９８５年７月11日には「クラシックコーク」として旧型を復活させ、今では、そのクラシックが唯一のコカ・コーラとして売られている、という話です。

余談ですが、ある外資系企業では４月23日を〝Consumer is Boss Day〟と呼んでいました。マーケティング巧者であるアトランタ（コカ・コーラの本社がある都市）すら見誤った、「ブランドはマーケターと消費者が共有するものだ」という教訓を新たにしよう、という日でした。

ガンダムの「専用機」の概念が生んだ文化

ガンダムは、ブランドとして既にコカ・コーラと同様の状態にあると思われます。法的な所有権とは別に、多くのファンが「自分のもの」と思っているということです。

良い例として、『月刊ホビージャパン』という老舗プラモデル雑誌が、１９９８年から続けている「全日本オラザク選手権」という「ガンプラ（ガンダムを主題としたプラモデル）」の大会があります。「オラがザク」つまり「自分のザク」を応募するコンテストです。大会の名前には「ザク（ガンダムに出てくるモビルスーツの代名詞的な機体）」とありますが、その対象はザクだけではなく、「グフ」でも「ドム」でも「ガンダムＵＣ」でも応募できます。

そして、多くの機体はそれぞれ、思い思いの設定で独自に改造されています。まさに「ガンダムが自分のものとなっている」ことに立脚したイベントだと言えるでしょう。こうした二次創作は、ガンプラのコンテストに限りません。プロフェッショナルとファンによる正史あるいは外伝がいくつも創出されてきました。

このような活動を通して世界が広がるという作用もありますが、「自分も世界に参加していいのだ」という個々の受け入れを可能にしていく懐の広さを感じさせます。排除せず、多様性を認めて仲間として受け入れるといった意味の、社会的な概念を指す「インクルーシブ

（社会的包摂）」という考え方がありますが、ガンダムは、とてもインクルーシブなブランドとして確立されていると思います。多くのブランドは、そうした二次創作を許容しにくいものです。

消費者を単なる視聴者ではなく、主体的な行動者とさせているもう１つの要素が、登場人物ごとの「専用機」の設定です。多くの登場人物がモビルスーツを操縦しますが、自身の専用機を駆るエースパイロットも少なくありません。専用機のほとんどは、量産型を改修し、独自の塗装を施した機体です。完全オリジナルのワンオフ（一機だけ生産）の機体は、一部のプロトタイプ（実験機）くらいで、それほど多くはありません。

この「量産型を改修して自分の専用機にする」という考え方は、１９９０年代前後のオートバイやクルマの楽しみ方に大きな影響を与えたという考察があります。この世代のライダーやドライバーにやたらと愛車を改造したがる一群がいるのは、「専用機」という概念が「文化」つまり「カッコいい、悪いの判断基準」になっているからだというのです。

こうした文化に導かれて、量産型として販売されていた車両に、ユーザー独自の改修が加えられて「専用機」となっていきました。多くの改造車両は違法ではないものの、量産型よりも機能的に格段に優れたものではなかったかもしれません。それでも、「専用機に乗っている」という絶大な高揚感をもたらしました。少なくとも、個人的な経験はそうでした。

こうした価値観の創出を通して、バイクやクルマといった金銭的にも時間的にも負担の大きな趣味において、「ガンダム的な価値観を生きる」という経験を成立させたことは、ガンダムの影響力の強さを象徴的に示しているように思います。

長い文章となってきましたので、現時点での結論を逃げるように書いて終わりにしたいと思います。

我々がガンダムを好きなのは、少し考えただけでも紙面が尽きるほど「好きな理由」を挙げられるくらい、「多面的な魅力にあふれ、二次創作を含めた多様性を許容し、ユーザーが『自分のもの』と認識できるブランドだから」だろうと、分析しています。

こうした点に着目すると、同様の二次創作的な展開がされている〝フォースの物語（『スター・ウォーズ』）〟が米国にもあって、同じく外伝やスピンアウト作品がたくさん存在します。あちらにはガンプラはないですが、等身大でコスプレしやすいように思います。こうした体験は参加を通して、「自分のもの」という感覚を醸成しやすいでしょう。

この項を読んで、世のガンダム好きのマーケターは、それぞれに異なる説を唱えるものと思われます。ただ、それもまた「多面的な魅力にあふれ多様性を許容し、『自分のもの』と思わせられる」ブランド故だからでしょう。

おわりに

新しくウェブ媒体で連載を始めないかと打診されたのは、２０１８年の秋でした。その後、連載をずっとご一緒することになる編集者から、「毎回テーマを決めるのではなく、読者の質問に答えていくのはどうでしょう」と、興味深いご提案を頂きました。

私にとって、若者向けのアドバイスと言えば、その金字塔は開高健の『風に訊け』（集英社文庫）です。『（風以外の）なにかに訊《き》け』といったタイトルを模索していましたが、友人に趣旨を説明したところ、『音部で「壁打ち」』だろう、とあっさり命名されたのが２０１９年の正月です。連載はその月から始まることに決まり、以来、月末の週末は質問に答えることが習慣になりました。

単行本化するに当たっては、連載記事に大幅な加筆を行いつつ、大学の講演などで受けた質問も多数収録しました。再び『なにかに訊け』という書名を試みましたが、編集者から「悩んだり迷ったりしていた若いマーケターが、扉を開けて次の段階に進むような連載なのだから、『マーケティングの扉』だろう」と発案があり、そのまま書名となりました。やはり何にも訊いていませんが、開高健とその作品へのオマージュは本書内に残しました。

扉のラテン語もその1つです。「AUT VIAM INVENIAM AUT FACIAM（道を探そう、さもなくばつくろう）」としました。カルタゴの名将ハンニバルの言葉だそうです。マーケティングの領域にも定説や定石がありますが、消費者が変わればアプローチも変わっていきます。いつか来た道が使えることもあれば、新しい道をつくらなければならないこともあるでしょう。過去に学びつつ、つねに新しい技法の洗練を探求することを忘れずにいたいと思います。

原稿をまとめる作業は、これまでの一問一答の全体を概観する機会となりました。予想されたことですが、回答やアプローチに重複も散見されます。壁打ちの「壁」は、垂直で精密な平面ではなく、有象無象の直接間接の経験が積み上がり、歴史と経緯ででこぼこしています。寄せられた質問が壁に当たり、その跳ね返りが回答となるのですが、反射角は均質ではありません。むしろ、跳ね返る方向には一定の原則があって、その軌道はいくつかの方向に収束していることに気付かれるかもしれません。

本書のきっかけとなった連載は「壁打ち」を名乗りつつ、いつか来た道を振り返り、立ちふさがる壁を通り抜けるために、古い「扉」を改めて確認したり、新しい「扉」を取り付けたりする試みだったのかもしれません。自身の悩みや迷いは、自分にとっては初めてのことが多いものです。とはいえ、よほど大きな壁であっても、恐らく人類が初めて遭遇する壁ではありません（もしも人類初の壁であれば、とても大変ですが、ラッキーでもあります。人類初などという事柄は、以前ほど残っていないと思われます）。その壁は誰かが既に乗り越えていたり、迂回路を見つけたりしていることでしょう。そうした先達の軌跡を広くたどることも、道を探る1つの方法です。少しでもその一助になれていれば、本書の試みは成功です。

これから皆さんが多くのマーケティングの扉を開け、あるいは新しい壁を穿《うが》って扉を取り付け、マーケティングのさらなる探索と発展を続けていかれることを祈ってやみません。

音部大輔